小さな会社のための
コスメビジネス立ち上げBOOK

OEM
小ロット
補助金
低リスクで新規事業をスタートさせる

志水 洸一

◆はじめに

今から10年以上前の話です。

美容師のKさんは起業をして、あっという間にヘアサロンを4店舗展開し、新しい事業としてオリジナルコスメの販売をスタートさせました。新たなビジネスの展開に胸を躍らせていたKさんでしたが、一念発起して作りあげたコスメブランドは思うように売れず、会社に在庫が山のように積み上がりました。「このままでは失敗だ」と、焦った彼はコンサルタントに言われるがまま、パッケージデザインをおしゃれにしたり、配合成分にこだわったりと試行錯誤を重ねました。しかし、それでもほとんど売れませんでした。

コスメビジネスが会社の利益を圧迫し、従業員からのため息が漏れ聞こえます。「コスメビジネスなんて始めなければよかった」と後悔する日々のなか、さらに悲惨な出来事が彼を襲います。これまで会社を支えてきてくれた右腕社員が、独立をすると退職届けを出してきたのです。それをきっかけに次々と他の従業員も退社していきました。4つあった店舗は運営がままならなくなり、20名以上いた従業員も気がつけば残っているのはKさんを含めて3名。借金はあっという間に1億円を超えました。

心身ともに疲れ果てたKさん。このとき誰が彼の成功を想像できたでしょうか？

あれから10数年経ち、彼はオリジナルコスメをテレビショッピングでアピールして1時間に1，000万円以上の売上をあげました。大学や高専との共同研究で新しい美容成分を発明し特許を取得したり、次々とヒット商品を生み出してコスメを製造する自社工場まで建設してしまいました。もともとのビジネスであった美容室の経営も絶好調で、3か月先まで予約が入っています。借金はほとんど残っていません。それどころか彼はもとの3倍の収入を得るようになりました。

どうやって彼はどん底から這い上がったのでしょうか？

ヒット商品には再現性がある

こんにちは、著者の志水洸一と申します。たった今ご紹介したのは、私の実話です。

まず本書の結論から申し上げましょう。コスメビジネスを成功させるコツは、効率良くヒット商品を生み出すことです。

近頃の私は、「どうやったらヒット商品が作れるのか」「新規事業がうまくいかず疲れてしまった」という悩みを抱えた企業に、売れるコスメ商品を作るためのコンサルタントとしても関わっています。

コスメビジネスでヒット商品を生み出す秘訣は3つあります。

①コスメ商品を効率よく作る

②コスメ商品を正しく知ってもらう

③コスメ商品の販売方法を考える

この3つさえ押さえておけば、世に送り出すコスメ商品を何度でもヒットさせることができます。逆に言えば、どれか1つでも欠けていると売れず、在庫が会社に山のように積み上がってしまいます。

私がコンサルティングをしている会社は、小規模ながらも新しい価値に気づき、コスメビジネスを上手に利用することで会社の価値を高め、売上と利益を伸ばし続けています。

複雑なコスメ業界の「作る、知られる、売る」すべてに挑戦してきた私だからこそ伝えられる、ヒット商品を生むためのコツを本書でご紹介します。

この本を読めば、自分のビジネスの価値を再確認し、陥りやすい失敗を避けながら、あなたが大切に思う人々に支持されるコスメ商品を作ることができるようになります。一緒に成功への道を切り開いていきましょう。

第3章 コスメブランドのコンセプトを決める　89

目　次

第4章

コスメ商品の魅力を伝える 145

第5章 コスメ商品の売り方テクニック 191

第1章

コスメ業界の魅力

「有名人のCM」「新素材」「流行の最先端」だけでは、もう選ばれない

今、コスメ業界はどうなっているのか？ まずは現状と今後の展望を知ってから話を進めていきましょう。日本国内のコスメ、商品、市場規模は2022年度で2兆3700億円です。この数字をわかりやすくお伝えすると、あなたが毎日1，000万円ずつ遣ったとしても640年でやっと遣いきれるくらい、年間でものすごい金額が動いていると思ってください。矢野経済研究所の市場統計によれば、2020年の新型コロナウィルスの流行で行動制限によるコスメの買い控えなどの影響があり需要が落ち込みましたが、その後は徐々に回復傾向にあります（**図表1-1**）。その背景には資生堂などの老舗のコスメメーカーだけではなく、コスメビジネスが本業ではなくとも自社の特徴を生かしたコスメ商品をOEM製造し、ネットショップを中心に販売をして売上を伸ばしている企業も多いです。また男性向け、Z世代向けなど新たなターゲットを意識したブランドの増加や円安により、日本製コスメ商品の海外、特にアジアへの輸出が大きく伸長したことがあげられます。日本へ訪れる観光客も徐々に増加していることから、昔のようなインバウンド需要も戻り、

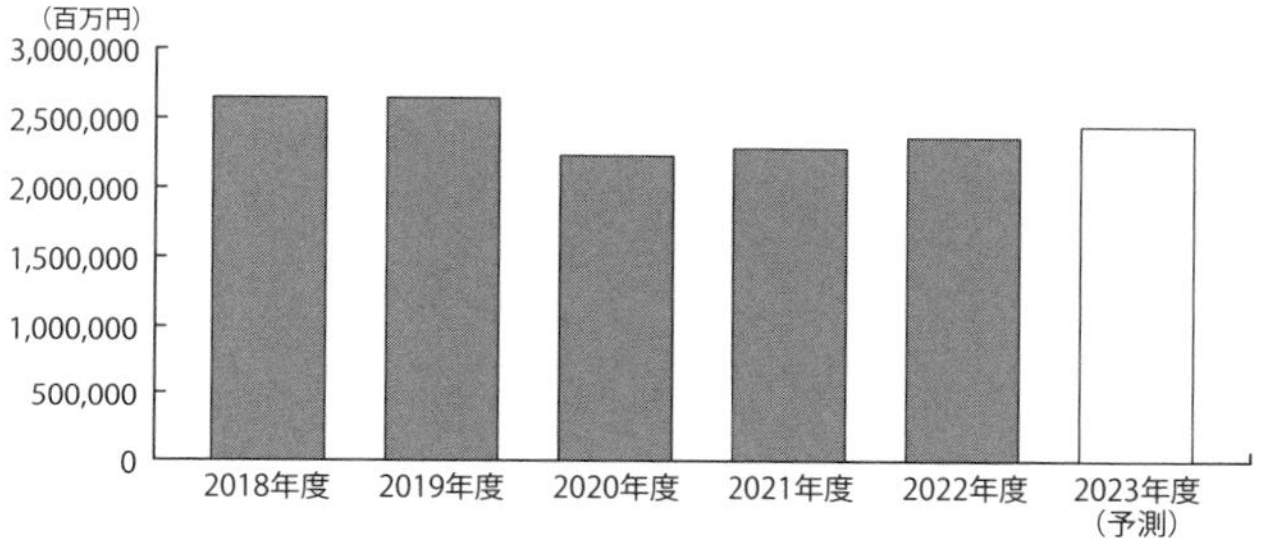

（単位：百万円、%）矢野経済研究所調べ

	2018 年度	2019 年度	2020 年度	2021 年度	2022 年	2023 年度（予測）
市場規模	2,649,000	2,648,000	2,235,000	2,290,000	2,370,000	2,450,000
前年度比	104.1	100.0	84.4	102.5	103.5	103.4

図表 1-1　図表１－１　国内の化粧品市場規模推移と予測
出所：矢野経済研究所　（https://www.yano.co.jp/press-release/show/press_id/3345）

２０２３年度以降も国内需要は回復に向かっていくと思われます。

さて、皆さんが興味を持つコスメビジネスは多くの人々の心をつかみ、生活に彩りを添える魅力的な世界です。かつては大手企業が市場を席巻し、有名人のＣＭや最先端の成分が注目を集めました。

この本を手に取る読者の皆さんは、大手企業が競い合っているコスメビジネスに参入することへの不安を抱いているかもしれません。

今の時代は顧客のニーズが多様化し、ある特定のブランドに人気が大きく集中することは考えられないでしょう。それよりも顧客のライフスタイルにぴったりな個性的なブランドが選ばれる時代となりました。また、コスメ業界はＳＮＳの登場でさらに多様化されました。インフルエンサーという個人がライブコマースでファンにコスメを販売するなど、一昔前の「有名人が使っているコスメ」ではなく、「推しの個人・企業がどのように作ったコスメ」であること、つまりオリジナル性が重視される時代となりました。小さなブランドでも、高い利益を得た成功者は1人や2人ではありません。

一方、成功者の影には誰にも知られることなくひっそりと消えていくコスメブランドも多くあります。そのほとんどが素晴らしいコスメを作っているのにもかかわらず……。この違いはいったい何でしょうか？ 世の中にはコスメビジネスの書籍も多くあり、コスメの専門家やコンサルタントが多くいるのにもかかわらず、なぜ失敗してしまうのでしょうか？ 答えは、多くの大企業向けのノウハウだからです。小さな会社と大企業のコスメビジネスのやり方がまったく違ってくることは想像がつくでしょう。私がこれからあなたにお伝えする知識は、もしかしたら大企業からすると間違っていることもあるかもしれません。しかし、私は小さな会社がこれから来る不安定な時代の中でも、自社のビジネスの規模に見合った方法を選び、ちょうど良いサイズの投資をして、長く勝ち続けられるコスメビジネスの立ち上げ方をお伝えしたいのです。

あらゆる業種から参入できるコスメビジネス

コスメビジネスの面白いところは他業種からの参入が簡単にできることです。「酒蔵が作ったスキンケア」、「ヘアサロンが作ったヘアケア」などを聞いたことがありませんか？ 今でこそ当たり前となりましたが、よく考えてみたらコスメ製造販売とは実際に関係のない会社がコスメビジネスには多く参入しています。

前述した酒蔵は「コスメの原料に使えるくらい品質が高い素材を持っている」。ヘアサロンは「髪の毛のトラブルや薬剤に詳しい会社である」。どちらも既存ビジネスの顧客に対して良いイメージを与えます。さらに「日本酒と一緒にコスメも購入してくれたことで、客単価が向上した」「地元の素材を使ったコスメ商品が新聞や雑誌で取り上げられた」など既存顧客による売上増加や新規顧客を獲得するための広報として役立ちます。既存ビジネス、新規のコスメビジネスが互いにメリットをもたらし、どちらも加速的になる「コスパの良いビジネスプラン」です。だからこそさまざまな業種からの新規参入が多い業界なのです。

ご存知でしょうが、コロナ禍により観光や外食などのサービス業を中心に大きな売上の損失がありました。また、ロシアによるウクライナ侵攻をきっかけに輸入している物の値段が高騰するなど、あらゆる企業がこれまでになかった課題に直面しています。さまざまな業種がコスメビジネスに参入している真の理由は、不確定要素が多い今の時代に売上の柱を増やしリスクを分散させ、経営を安定させたいというのがあるでしょう。

コスメビジネスの最大の魅力は、自分の今までの顧客に新しい喜びを与えてくれること

なぜ企業は、このモノが溢れかえり満たされている時代にコスメビジネスに参入するのか。

その秘密はいたってシンプルです。これまで続けてきた仕事の強みを生かし、身近にいる顧客に新しい喜びを与えられるからです。

「新規顧客を獲得しないと、売上が上がらない」と考えたことはないでしょうか? 新規顧客も大事ですが、まずは目の前の顧客を見つめてみてはいかがでしょう。あなたがこれまで続けてきたビジネスは、すでに顧客からの信頼があるはずです。信頼があるあなたの

ブランドが顧客の悩みを解決する商品を作ったら、どうでしょう？　顧客はきっと、その新しい商品やサービスを信頼した状態で手に取ってくれるはずです。

たとえば、北海道のとあるサウナ店では、顧客の髪の毛がサウナ室の温度でダメージを受けてパサパサになってしまうという悩みがありました。そこで熱に反応する成分を配合したヘアミストを用意することで、顧客の髪の毛をサウナの熱によってさらに手触りを良くする仕組みを考えました。ネガティブだった要素をコスメによって逆にポジティブなものにしたのです。顧客のSNSではサウナのヘアミストが拡散され、本業のサウナと新規コスメビジネスの両方が加速的に伸びました。その理由はいたってシンプル。既存顧客に新しい喜びを提供したからです。

世の中の99・9％の人々が日常的にコスメを利用しています。つまりあなたのビジネスの顧客だって日々、使っているのです。このように言われてもぴんとこない方は多いかもしれませんが、コスメ商品の種類は、スキンケアやメイクアップだけではなく、さまざまな種類に分類されています（**図表1-2**）。

図表1-2 コスメ商品の種類

①スキンケア	クレンジング、洗顔フォーム、石鹸、化粧水、乳液、ジェルクリーム、クリーム、美容液など
②メイクアップ	化粧下地、ＢＢクリーム、ファンデーション、口紅・リップグロス、アイシャドー、アイライナー、マスカラなど
③ＵＶケア化粧品	ローション状からジェル状、乳液状、クリーム状、スプレー状など
④ボディケア	ボディソープ、ボディローション、ボディクリーム、マッサージクリームなど
⑤ヘアケア	シャンプー、トリートメント、ヘアオイル、トニック、ヘアワックスなど
⑥ネイル	カラーポリッシュ、トップコート、ポリッシュリムーバー、ネイルオイルなど
⑦入浴剤	バスソルト、液体入浴剤、顆粒状入浴剤、タブレット状など
⑧フレグランス	パフュームと呼ばれる香水、オードトワレ、オーデコロン、練り香水など
⑨口腔ケア	歯磨き粉、マウスウォッシュなど

ほとんどの人が毎日バスルームでシャンプーをしますし、洗面台で歯磨きをするでしょう。特別な日には香水をつけて出かけたり、日差しが強い日には日焼け止めを塗ることでしょう。コスメといっても、女性だけのものではなく、男性も日常的に使っているものがほとんどなのです。人々が日々当たり前に使うものだからこそ、定期的に消費されて求められるのです。

あなたの顧客の日々の暮らしを、あなたが作ったコスメ商品でさらに豊かにできたら、すばらしいと思いませんか？

理想の未来を可視化しよう

２０２０年からの新型コロナウイルスの流行により、世の中の「当たり前」はあっという間に変化しました。オンラインで地方にいながらも都会との仕事ができるようになりました。コスメ商品のサブスクも一般化してきて、「買う」というよりも「利用する」というのがぴったりな時代になりました。

これからの訪れる未来もきっと変化の連続で、これまであなたが続けてきたビジネスが未来にどうなっているかは、時代に適応して変化できるかに懸かっています。

なにも、まったく新しいビジネスを立ち上げないと危険！と言っているわけではありません。ずっと小売業をやってきた人が、いきなり農業を始めてみようものならすぐに失敗するはずです。

私がおすすめするのは、あなたがこれまで取り組んできた既存のビジネスと新しいビジネスの「ハイブリット」を作ること。人も増やさず、現在の規模でより良い未来を実現する方法です。コスメビジネスはあらゆる業種から参入が可能で、ハイブリットのビジネスを作るにはもってこいの業界となっています。

図表1-3

〈既存ビジネス〉 美容室の経営	〈新規ビジネス〉 コスメ商品の販売
5年後の予想	5年後の予想
人口減少で、顧客数も減少。体力勝負の仕事のため、5年後は今と同じ数の顧客を受け入れるのは難しく、売上は下がっている。従業員数は減少し、ジリ貧ではあるが存続はできる。	日本の人口は減少しているが、海外の人口は増えている。これまでの美容の知識を生かして商品開発、飛び道具のように商品を販売。従業員数は変えずに、収入を向上させる。

私のビジネスを例に挙げましょう（図表1-3）。

あなたはどんな楽しそうな未来を考えますか？ ぜひビジネスを一緒にやっている仲間と、理想の未来について話してみてください。あなたの既存のビジネスにコスメ商品を組み合わせるだけでビジネスの規模を変えずに増収増益となる未来が描けるかもしれません。

コスメビジネスは、既存ビジネスも加速的に理想の未来へ近づけてくれる、コスパに優れた選択肢なのです。

小さな会社でも勝算がある

あなたの会社の従業員は何名ですか？ 私の会社は、コスメ事業部、美容室事業部合わせて11名です。少ない従業員数でもコスメビジネスは順調に利益を上げ続けています。

小さな会社だからこそ、多くのメリットがあります。小回りが利き、意思決定も早く行えるため、新しいアイデアを素早く実行することができます。チーム全員が顧客との関係を築き、顧客のニーズを理解しやすいという点も大企業にはない強みです。たとえば顧客の「近頃、こんなことに困っている」「あなたの商品と○○を組み合わせたらとても良かったのよ～」といった生の声は商品開発の大きなヒントとなり、顧客のニーズに寄り添ったコスメ商品を世に送り出すことができます。

また、小さな会社は地方自治体の補助金やサポートを活用しやすく、新規ビジネスの立ち上げを支援してもらえることも大きなメリットです。

「うちの会社は、資本も従業員数も少ないし……」と弱気になってしまうような要素が、実は自社の強みとして生かせます。小さな会社だからといって新規参入に遠慮をすることはありません。あなたのビジネスはコスメをきっかけにさらなる飛躍を遂げることができるでしょう。

良いモノだから売れるのではなく、売れる商品が良いモノ。ヒット商品の「ヒットする理由」

良い商品をこだわって作れば、たくさんの人が購入してくれると思ったことはありませんか？　残念ながら、モノが溢れかえっている現代では品質が高いというだけで売れることはありません。

せっかくコスメビジネスを立ち上げたのに撤退を余儀なくされてしまった事例もあります。

創業から20年以上、ウールの輸入やアパレル事業まで領域を広げるN社。さらなる事業拡大の手段としてコスメ事業に参入しました。展開したのは、ご当地素材を使ったスキンケア商品。オーガニックコットンのタオルなどと合わせて小売店に向けて卸販売をする、良い取組みのように思えました。しかし誰に何を売るかというターゲティングが明確でなかったために、価値が伝わりきらず、顧客にとって悪くはないけれど良くもないといった、中途半端なブランディングとなってしまいました。

私も10年以上前に初めて作ったヘアケア商品で大きな失敗をしています。地元のコスメ製造工場にOEMをし、成分の配合にもこだわった完全オリジナルのブランドを立ち上げました。ところが、販売を始めたもののほとんど売れず、自宅に在庫が積み上がっていきました。「そもそも、オリジナルのシャンプーなんて作ったのが間違いだったのだろうか？」あの時の悔しさはなんとも表現しがたい苦い思い出です。

しかし、今の私は1時間で1,000万円以上の売上を叩き出すようなシャンプーを販売しています。自分の立ち上げたブランドがヒットする喜びを噛みしめています。売上の数字を見るたび笑いが止まりません。

さて、同じシャンプーですが、ヒットするかしないか一体何が違ったのでしょうか。たとえば美容室で考えてみましょう。「カットの技術にこだわっている」、「カラーやパーマの薬剤知識が優れている」……残念ながらどこのお店もそうなのです。どの会社も良い商品やサービスを提供しているのです。これだけではあなたが作る商品の価値が伝わることはありません。

売れるコスメには必ずと言っていいほど「ヒットする理由」があります。ここから先は実際の成功事例をもとに紹介していきましょう。

1. 地域密着の床屋さんが作ったメンズコスメがハリウッドスターにまで届いた！

地域密着の小さな床屋さん「アパッシュ」が開発したメンズコスメ「トゥーフェイスバーム」が大好評です。その開発エピソードをご紹介しましょう。

「アパッシュ」はフェードカットというバーバースタイルを初めて日本で広めた理容室です。いつもお店は男性たちが集まり大繁盛、店内には、パリッと髪型をスタイリングするポマードやオイルが所狭しと並び、次々と売れていく様子が見えます。その販売企画を仕掛けているのがアパッシュの二代目である、川上巧太さん。彼は初代のバーバースタイルを大切にしつつも、アパッシュらしいメンズコスメブランドを新たに立ち上げたいと考えていました。

そんなある日、「毎日の髭剃りで使うシェーバーで肌が荒れてしまう」という顧客の悩みを聞き、髭剃り前に使用すれば肌を保護できるメンズコスメの開発を思いつきました。

そうして完成した「トゥーフェイスバーム」。髭剃り前に顔全体に塗り伸ばしていくと、肌やヒゲを柔らかくして剃り心地を良くし、肌への負担も少なく保湿までしてくれます。使い方はとてもシンプルですが、顧客はいつもとは一味違う肌の仕上がりを感じることができました。

次々と感激の声が上がり、SNSを通じて評判が広まります。
「この前買ったこのバームを髭剃り前に使ったらカミソリ負けしなくなったよ」
「アパッシュの新商品、トゥーフェイスバームが最高すぎる！　#アパッシュ　#肌荒れ解消」

さらに驚くことに、その評判がハリウッドまで届き、ハリウッドスターが「トゥーフェイスバーム」を愛用し、自信と美しさを育む秘密としてシェアしました。

ヒットの理由は「使い方も一緒に売った」から

顧客の悩みにヒントを得て、商品を単なるモノとして捉えるのではなく、「髭剃り前に使う」という使い方も一緒に提案したことが成功の理由です。これによって顧客はこれまで知らなかった方法で肌の悩みを解決することができました。

アパッシュのトゥーフェイスシリーズは売上も上々で、全国各地で取り扱う床屋さんが増えており、現在は新たな商品の考案に取り組んでいます。

2. たったひとことプラスしただけで売上4倍に！ホテルのアメニティから再スタートした石鹸

私のコスメ工場で生産している石鹸に「ＧＯＣＨＩ ＳＯＡＰ（ゴチソープ）」という、45日ゆっくり熟成させて作る洗顔石鹸があります。北海道の蜂蜜、酒粕などを原料に使用したマイルドな洗浄力が売りで「これ以上良い石鹸はできないであろう」と思えるほどの自信作でありました。

キャッチフレーズは「北海道のご馳走で作った石鹸」であり、発売当初はそのようなコスメ商品は珍しく、さまざまなメディアに取り上げられたおかげで販売も好調。しかし、2年経った頃には話題も落ち着き、月に２００個程度しか販売がない状態が続きました。「このままではジリ貧になってしまう……何かを変えなければ」そう思っていた矢先、思わぬ幸運が舞い込みました。高級ホテル、リッツ・カールトンで客室内のアメニティとして採用されたのです。そこからテレビのロケで芸能人がＧＯＣＨＩ ＳＯＡＰを手に取って紹介してくれたことから、会社に次々と問い合わせの電話が入りました。私はこれをチャンスと思い、「あの高級ホテル、リッツ・カールトンで使用されている石鹸」と商品説明に付け加えたところ、翌月は８００個以上の注文が入りました。

ヒットの理由は「他社の権威を借りてより魅力的に見せた」から

どんなに良い商品を作っていようがブランドを立ち上げたばかりの段階では、認知度もなく売上が伸び悩むものです。テレビなどのメディアやブランド力がある企業に採用されることで、コスメ商品への信頼度が一気に高まります。「あの高級ホテルで使われているのだから、きっと品質が良いはずだ」「推しの芸能人が紹介していたから使ってみたい」と購入される方も多かったです。ヒットする前も後も石鹸の作り方やパッケージデザインは変わりません。つまり、「自分が何を提供しているか」よりも「顧客からどう見えているのか」の方が大切なのです。

3. なぜ 動物園で月に500個以上もコスメが売れるのか?

日本最北にある旭山動物園。動物本来の動きが見られる「行動展示」で一時期は日本一の入園者数を誇っていました。しかし、いつも賑わっていた動物園も新型コロナウイルスの影響を受けて観光客が激減してしまいました。旭山動物園の売店を任されている椎名さんは、活気がなくなってしまった動物園をなんとか盛り返したいと切実に考えていました。

その頃、私は保湿の原料として、人間の肌になじみが良い北海道のエゾシカの油に注目している最中でした。そんな私たちの出会いが、「動物園×コスメ」の取組みをスタートさせ、新しい商品「旭山バーム」を開発することになりました。

しかし、周りからは「動物園には動物を見に来ているんだから、コスメなんて売れないよ」と否定的な声も上がりました。動物園がコスメを販売するチャレンジに対して疑念を抱く人々がいた一方で、「動物園にしかできない方法でコスメ商品を販売しよう！」と、私と椎名さんは確信を持ってプロジェクトに取組みました。

旭山動物園には100種以上の動物がおり、北海道ならではのヒグマ、キタキツネなどのご当地動物も生活しています。そこにはエゾシカも展示されており、その前に貼ってあるポップにこのような文を掲載しました。

「エゾシカは毎年害獣としてたくさんの数が駆除されています。命の価値を無駄にしないようにコスメ商品にしました。実はエゾシカのオイルは臭みもなく、手肌がしっとり潤うんですよ！売上の一部は動物の環境保全活動を行う団体に寄付されます。ともに循環型社会を目指していきましょう」

コスメを買うことで、動物の生活環境に貢献できるのです。たちまちに旭山バームは大ヒットしました。2年が経過しコロナ禍が過ぎても毎月500個以上売れています。

ヒットの理由は「社会貢献」と「デザイン」

「旭山バーム」のヒット商品となった理由は、前述の販促ポップだけではなく意外なところにもありました。中身は同じですが、3種類の異なるパッケージデザインを導入したことが大きな要因となったのです。

人間の購買心理は、商品をぱっと見た瞬間に、買うか買わないかを判断します。

しかし、「旭山バーム」のように3種類のデザインが並べられると、消費者はどれを選ぼうか迷う心理に陥ります。これは購入を検討する段階から買う前提の心理状態へと促し、商品に対する興味と愛着を増大させる効果があります。

顧客はひとつの商品を購入する際に「自分にとって最適な選択をしたい」と考えます。3種類のパッケージデザインを見比べることで、消費者は「どのデザインが自分に合っているのかな？」「お土産で買うとしたら、妻が喜んでくれるのはどれだろう？」などと考えることになります。結果的に3種類を一度に購入するケースも増えました。人間の脳は1つのテーマしか悩むことができません。「買うor買わない」から「どれが良いか」に思考をスイッチさせたのです。

この独自の戦略により、「旭山バーム」は環境保全の取組みと3種類のデザインで、動物園を訪れる人々にとって特別な思い出を持ち帰るコスメ商品となっています。

なぜ今「ご当地コスメ」が増えているのか?

その土地で収穫されたものから得られる成分や技術が使われているのが「ご当地コスメ」です。最大の強みは、他のコスメブランドとの差別化を図れることです。旅行や出張で訪れた場所で「この土地だけで販売していて、数に限りがございます!」と言われ、なんとなく欲しくなってしまった経験はありませんか? ご当地コスメは各土地ならではの「限定感」と「特別感」を持っており、観光資源と組み合わせ地域の特色をうまく活かせばブランディングがしやすいのです。

また、その特性から話題にもなりやすく、コスメはプレゼントやお土産としても重宝さ

図表1-4 全国のご当地コスメ事例

岩手県 奥州サボンプレミアム石けん	オーガニック玄米を酵母と玄米麹で発酵させた「米もろみ粕」をろ過せずそのまま配合された石けん
神奈川県 EVERYNATUREDAYS いちごボディーソープ	国産（神奈川県海老名市）のいちご果汁を配合した、ボディーソープ
富山県 Taroma ハンド&ネイルクリーム	雪国でじっくり育った「立山ゆず」を朝採れの清水で丁寧に抽出・配合したクリーム
長野県 華密恋（カミツレン）	自社農園で栽培された国産カモミールの恵みを取り入れたスキンケアブランド
京都府 京乃雪（きょうのゆき）	27種の和漢植物を京都の天然水に漬け込んで熟成させたエキスを使った、京都生まれの自然派化粧品
高知県 天海のしずく オーガニック美容液	自家農園で有機栽培したグアバエキスと希少なグアバシードオイルを配合したオールインワン
熊本県 よもぎ石けん	熊本県で4月中旬頃から採取されるよもぎの若葉を独自の製法で加工し、配合した石鹸
沖縄県 ラ・チュラ ヘアオイル	オキナワモズクエキス、月桃葉エキスなど、沖縄由来の天然保湿成分を配合したヘアオイル

れることから、自治体・事業者が地域活性化のために地域のコスメブランドを立ち上げる事例が増えています。

コスメビジネスを始める4つの方法

コスメを製造して販売している私のもとにはよく、「コスメビジネスを始めるには、まず何から始めたら良いのか？」と質問があります。

ビジネスをする上では当たり前のことですが、売るものがないと何も始まりませんよね。まずはこれから売っていくコスメ商品をどのように手に入れるか考えていきましょう。次の４つの方法があります。

① 自社工場でコスメを製造する
② 海外から輸入する
③ 他社製造の商品を販売する
④ ＯＥＭコスメメーカーに委託する

1. 自社工場でコスメを製造する

コスメ商品を作る工場を建てて、あなたが生産から販売まで行うビジネスプランです。

これは正直言ってハードルがかなり高いでしょう。

まずは化粧品製造業のライセンス取得が必要です。書類を揃えるだけではコスメの製造ライセンスを得ることはできません。簡単に言えば、条件に合った人と場所が必要なのです。厚生労働省が掲げる条件を基に確認していきましょう。

・人的要件

総括製造販売責任者の資格
下記いずれかに該当する者
1　薬剤師
2　大学などで化学の専門課程を修了（一定の単位が必要）
3　高校などで化学の科目を修得して化粧品製造業に3年以上従事している。
4　厚生労働大臣が、上記1〜3と同程度の知識経験を有すると認めた者

要は、薬剤師など化学の単位を取得している資格者を雇う必要があります。あなたが薬

剤師ならば苦労は少ないでしょうが、小さな会社にとって新たに化学の専門知識を持った人を雇用するとなると多大なコストがかかります。私も自社のコスメ工場立ち上げの際には友人や知り合いに片っ端から電話をかけて、ようやく条件に合った人に出会うことができました。

・設備要件

あなたがコスメを製造して、容器に充填、ラベル貼りまで行うとしたら、下記のような設備が必要です。

厚生労働省令の「薬局など構造設備規則」

1　当該製造所の製品を製造するのに必要な設備及び器具を備えていること。品質管理業務を適正かつ円滑に遂行しうる能力を有する者であること。

2　作業所は、次に定めるところに適合するものであること。

イ　換気が適切であり、かつ、清潔であること。

ロ　常時居住する場所及び不潔な場所から明確に区別されていること。

ハ　作業を行うのに支障のない面積を有すること。
ニ　防じん、防虫及び防そのための構造又は設備を有すること。
ホ　床は、板張り、コンクリート又はこれらに準ずるものであること。
ヘ　廃水及び廃棄物の処理に要する設備又は器具を備えていること。
3　製品、原料及び資材を衛生的に、かつ、安全に貯蔵するために必要な設備を有すること。
4　製品など及び資材の試験検査に必要な設備及び器具を備えていること。ただし、当該製造業者の他の試験検査設備又は他の試験検査機関を利用して自己の責任において当該試験検査を行う場合であつて、支障がないと認められるときは、この限りでない。

簡単に説明すると、コスメを製造するために必要な建物や設備、器具があって、外部から隔離された衛生的で安全な場所と設備が必要ということです。

これらの条件を満たす、都合が良い物件はなかなかありません。私は結局新築でコスメ工場を建てることとなりました。ローンは15年、少し気が遠くなります。

・基準の作成

1　GQP：Good Quality Practice
自社の製造工場や委託先製造販売会社が正確に製造管理・品質管理を行っているかをチェックするための基準

2　GVP：Good Vigilance Practice
製造販売後の安全管理についての基準

ここまでざっと見ただけでも、心が折れてしまいそうないくつものハードルがありますね。ライセンスの申請には行政書士がサポートをしてくれますが、条件を揃えるのはあなたです。

私自身がコスメ工場を立ち上げた経験から言えることは、思っている以上の膨大な費用と手間がかかり想像以上に大変だということです。人や場所すべての条件をととのえる必要があるため、もう一度コスメ工場の立ち上げをゼロからできるのか？　と問われたら……正直なところ、できる気がしません。

2. 海外から化粧品を輸入して国内で販売する

海外の見本市などで見つけたコスメを日本に輸入して販売するビジネスプランです。韓国コスメやヨーロッパのサスティナブルなコスメは日本国内でも人気があります。しかし、この方法にもライセンスが必要です。海外製のコスメを日本で販売する際は、ラベルに日本語の成分表示を行います。この「ラベルを貼る」だけの工程も製造の1種と考えられるためコスメ工場を建設するのと同じライセンスが必要なのです。こちらもなかなかハードルが高いですね。

また、海外送金の複雑さや急な円安による仕入れ価格の上昇など、さまざまな問題が発生することがあります。「輸入してみたはいいけど、日本で販売できない成分が入っていた」なんてトラブルのほか、商品が届くまでのタイムラグにより予定していた販売時期に間に合わないという問題も起きます。

3. 他社で製造された商品を仕入れ販売する

街の化粧品屋さんや美容室で仕入れして販売しているスキンケア・ヘアケア商品をイメージしてください。仕入れは簡単でとても手軽ですが、他社との差別化が難しく、メーカーより安い価格で顧客に提供することは難しいでしょう。

私は美容室経営もしていますが、美容室で販売しているヘアスタイリング剤が他社のネットショップやドン・キホーテでさらに安く売られているなんてことはしょっちゅうあります。同じものが買えるならより安いところで買いたいと思うのが顧客心理ですよね。この方法はリスクが少ない代わりに利益も少ないです。

4. OEMコスメメーカーに委託する

オリジナルのコスメを作りたいけど、ライセンスの取得が難しく、他社の商品を仕入れるだけでは、差別化ができずビジネスとして成り立たない。これらの問題を解決する方法が、コスメの製造工場にあなたのオリジナル商品を代わりに作ってもらうことです。

これをOEMと呼んでいます。OEMメーカーは処方開発などスムーズに進めるサポートを提供してくれます。また、許可申請も代行してくれるため、煩雑な手続きを自社でする必要がありません。製造物責任もＯＥＭメーカーが持つため、品質面でも安心できます。ＯＥＭの魅力については後ほど詳しく解説していきますが、このＯＥＭを利用することが、リスクを抑えつつオリジナリティあるコスメ商品を開発する秘訣です。

化粧水、リップ、ボディソープ……あらゆる種類のコスメがＯＥＭで製造可能です。Googleで検索すれば、ものすごい数のＯＥＭメーカーがヒットします。これほどＯＥＭの体制が充実している業界はとても珍しく、他業種からの次々と参入しているのも納得ができます。

あなたのコスメビジネスもこの４つのうちのどれかの方法でスタートさせることになります。自社でコスメ工場を建設する、海外から輸入する、どちらもオリジナリティは抜群ですが、リスクは大きいです。小さい会社はリスクを抑えてオリジナリティがあるＯＥＭからスタートしてみてはいかがでしょうか。

コスメビジネスに参入するメリット

私が以前、共同商品開発をした日本製紙という企業があります。ティッシュペーパーやあぶらとり紙など、あらゆる紙を作っている会社ではありますが、世の中のペーパーレスが進むなかで新たな売上の柱を作るべく、コスメ事業に乗りだしたのです。

日本製紙は紙の原料となるパルプをさらに細くしたセルロースナノファイバーという新素材を生産しています。これまでは自動車のボディやタイヤに使われていましたが、化粧品に使用すれば通常では考えられないほどの保湿力があり、ベタつかないのにしっとりと長時間うるおい、肌を保護してくれる不思議な素材であることに着目をしました。そこで化粧品大手のファンケルラボとコラボすることで、日本製紙グループ初となるスキンケアブランド「BIOFEAT.（バイオフィート）」が誕生し、販売ルートとして自社サイトをshopifyで制作し、発売後2か月で1，000セットを販売しました。

さらに、化粧箱には森林認証紙を、容器にはサトウキビ由来のバイオプラを採用し「肌と環境を守る」企業としてのイメージも確固たるものとなりました。

このように、これまでコスメ商品を作っていなかった会社が次々と参入を始めているのは大きなメリットがあるからです。

1. リピート性が高く、売上予測が容易
コスメ商品は日常生活の必需品となっています。あなたもリピートして使っているコスメがきっとあるはずです。顧客は量が減ってきたら補充する事を考え、気に入ればリピート購入するので、安定した売上が見込めるのがメリットです。

2. 不況にも強い生活必需品として安定した売上が期待できる
嗜好品、贅沢品と違い、経済状況に左右されにくいため、安定して販売が見込めます。新型コロナウイルスの流行時には消費者の買い控えが目立ちましたが、コスメ商品のスキンケア、ヘアケアは安定した売上を維持していました。

3. 美への関心は高く、ニーズが常にある
人々の「美しくなりたい」「キレイでいたい」というニーズ、それは年齢も性別も関係

なく、多くの人が持っているものではないでしょうか？　コスメは自らを美しく整えることで自信を与えることができる商品です。

4.　新しい商品やブランドへのスイッチがしやすい

顧客は常に自分に合った、より良いものを探しているため、商品コンセプトや得られる成果により小資本の個人事業主が販売するコスメ商品も選ばれる可能性が十分にあります。

コスメビジネスは途絶えることのない顧客のニーズと異業種からの新規参入のしやすさが魅力的なビジネスです。

また、小さなブランドでも有効資源を生かした強みや、コンセプトにちなんだ商品を作ることで、改めてブランドの良さを伝えることができるかもしれません。

このような理由から多くの企業がコスメビジネスに参入しています。

私がコスメ商品のコンサルタントとして関わったお客様からの声も、いくつかご紹介させていただきましょう。

「日本酒よりコスメの問い合わせが多く来る日も。本業の知名度もアップ！」（北海道の老舗酒造メーカー様）

日本酒を作る際に生成される酒粕を活用し、コスメ商品を作りました。特に自社製品の売上に効果がありました。化粧品の問い合わせが増えるなか、本業である日本酒の注文数も増加したのです。

「リピート率と利益率が大幅に向上！」（関東圏に4店舗展開のヘアサロン様）

これまでヘアサロンで仕入れ販売していたヘアケア商品の多くは、ネットショップ、バラエティショップで安売りされているため、リピートにつながりませんでした。そこで私たちの提案する髪型にぴったりのヘアケア商品を作ることで、利益率はもちろんリピート購入も増えました。お客様からも大変喜んでいただいております。

「自社ブランドに箔がついた！」（東京青山のプライベートサロン様）

お店のロゴの入ったオリジナルスキンケアを作ったことで、お客様から何度も「すごいわね！」とお褒め頂きました。出店地域はエステサロンの激戦区ではありますが、他店との差別化になっています。

これまでさまざまなコスメビジネスの立ち上げと関わってきた私が、一番に感じているのは**「自らの顧客へ新たな喜びを与えられるという喜び」**です。

気に入って購入しているお酒や、通っているお店が新しい提案をしてきてくれたら、そのブランドのファンとしては、絶対に気になるはずです。

冒頭でもお話ししましたが、ほとんどの人々は、日常的にコスメ商品を利用しています。あなたの既存ビジネスの顧客を、あなただけの方法で「もっと幸せにする方法」として、コスメビジネスはとても魅力的な方法だと言えます。

コスメビジネスのデメリット

何事もメリットがあれば必ずデメリットがあります。コスメビジネスのデメリットとはどんなものがあるでしょうか?

競合が多い

コスメビジネスに参入する企業が多いということは必然的に競合も多くなります。いわゆるレッドオーシャンです。他業種からの新規参入も多く、あらゆる会社が販売のチャンスを狙っています。

あなたもコスメ商品を作るときに考えたと思いますが、「あのブランドみたいなコスメを作ろう」と、どこかのブランドの成分や雰囲気の真似をするはずです。そのため小さな会社がヒット商品を作ったとしても、もっと大きな会社が「うちの販売力で似たような商品を作ったらもっと売れるのでは？」と考えて似たようなコスメ商品を作られてしまいます。広告や製造にかける資本力では敵わない小さな会社は「差別化ではなくオリジナル」、つまり独自化が重要となります。他に真似ができないコスメを作ることができるのか？

これができれば競合が多いコスメ業界のデメリットを解決できます。

移り変わりが早い

現在は誰もがコスメビジネスを始めることができるようになり、毎日のように新しいコスメ商品が発売されています。あなたもお気に入りのシャンプーがあるのに「実はもっと自分に合うものがあるのかも？」と考えて、注目されている成分が入っているコスメや広告で目に留まった商品を買ってみたことがありませんか？　顧客にとってはコスメの選択肢が無限にあるため、飽きられるとあなたのブランドのコスメ商品のことは次第に忘れていってしまいます。

「いやいや、他に同じようなコスメを作っているブランドはないから大丈夫」、「うちはSNSでお客様とコミュニケーションをとっているから大丈夫」、そう思っているとしたら、顧客が抱える「飽き」を軽く見てるかもしれません。飽きてしまった顧客の心を取り戻すのは、いま再びタピオカミルクティーを流行させるくらい難しいです。

それでは、ほとんどの会社はどうしているのか？　定期的にリニューアルをしたり顧客にメリットがある企画をすることで飽きを回避しています。しかし、小さな会社にとって定期的に資本を投下することになるため、トレンドの移り変わりが早いコスメ業界についていこうとして商品リニューアルやキャンペーンを繰り返し、黒字倒産……。そんな会社も少なくないのです。小さな会社がとるべき顧客の「飽き」への対策は、後にお伝えするコンセプト設定で備えることができますのでご安心ください。

逆に考えれば、あらゆるコスメのブランドは顧客が飽きないように試行錯誤しているのです。このデメリットを正しく怖がり、周りと差をつけるコスメ商品作りをすることで、デメリットだったものが強みとなることでしょう。

研究、開発にはコストも時間もかかる

「コスメの研究開発」と聞くと、なんとも華やかでかっこいいイメージがありますね。実際のところは「研究開発って何をするの？」と思っている人がほとんどのはずでしょう。配合する成分の割合を決めたり、どの順番で混ぜ合わせるとより良いコスメとなるのかを考えたりします。料理のレシピをゼロから作るようなものだと考えてください。

私は自社のコスメ工場のほか、大学や高専に出向いて週に1度教授や生徒と共同でコスメ商品の研究開発をしています。そこでは美容成分を組み合わせて新たな効能を見つけたり、コスメの効果を示すデータを取ったりしています。ざっと書きましたが、これらはすべてお金がかかります。研究開発の規模によって数百万から数千万円の出費は覚悟しておくべきでしょう。

また、急に研究が必要となることもあります。それはコスメ商品に不具合があったときです。「1年経ったら色が変色してしまった」「使用感が変わってしまった」など、トラブ

ルが起こったときは原因を予想して、解決策を考えねばなりません。この機能を自社で賄うとしたら……。一体どのくらいコスメ商品を売れば元が取れるのでしょうか？ コスメ工場のライセンスを取ろうとするならば、研究開発にコストと時間がかかることも頭に入れておいてください。

オリジナルのコスメ商品を作りたいならOEMの活用がおすすめ

コスメ商品のOEMを利用するとこれらのデメリットを解消することができます。

そもそも、OEMとは「original equipment manufacturer」の略で、OEMメーカーとはあなたのコスメ商品を代わりに製造してくれる会社となります。

コスメ業界は競合が多く、市場のトレンドも日々変化しています。さらに、研究開発のコストもかかるリスクがあります。そこでOEMメーカーに製造を委託すれば、自分でライセンスを取得する必要はありませんし、研究開発、新処方、パッケージの手配、薬機法に合わせた表示のアドバイス、製造まで総合的にサポートしてもらえます。

また、最近のＯＥＭ製造では「小ロットでの製造」が可能なメーカーが増えています。話題となる成分を取り入れたコスメ商品を作っても、在庫を抱えすぎたせいで売り切れずに次のトレンドがやってきてしまう……。これでは新しいコスメ商品を作ることをためらってしまいますよね。

ここで、小ロット製造ができるＯＥＭメーカーを選ぶことがポイントとなります。小ロットでの製造をすることで、在庫を抱え込むリスクを減らし、次のトレンドの新商品の開発にも前向きに取り組むことができます。つまり、小さな会社のコスメビジネスは小回りが利くほど勝負しやすいのです。小ロット製造ができるＯＥＭメーカーに依頼することで、在庫を抱え込むリスクを減らして新商品を作り、移り変わりが早い業界でも時代に合ったコスメ商品を提供することができます。

「でも、コスメを作るのって結構お金がかかるんでしょう？」

コスメビジネスに挑戦をしたいが一歩を踏み出せない原因は、この「コスメ商品を開発するためには大きな投資が必要である」というイメージのせいです。もちろんＯＥＭのことを何も知らずにコスメビジネスを始めてしまえばたくさんの投資が必要となるでしょう。

しかし、実際にはＯＥＭを上手に活用することで、少ない投資でコスメの商品開発ができます。次章からは、小さな会社向けのコスメＯＥＭの活用方法についてお伝えしていきましょう。

第2章

上手に使えばメリットだらけ！OEMのすすめ

OEMの流れ

ＯＥＭでオリジナルのコスメを作りたいけれど、何から始めたらいいのかわからない方は多いですよね。まずは商品販売をスムーズにスタートさせるために、コスメＯＥＭの流れを理解しましょう。

1. コスメの種類を決める

コスメにはさまざまな種類があります。スキンケア、メイクアップ、ＵＶケア、ボディケア、ヘアケア、ネイル、フレグランス香水などから、作りたい商品を選びましょう。

2. 容量や価格を決める

オリジナルのコスメを作る魅力は、容量や価格を自由に決められることです。ビジネス計画に基づいて現実的な価格を設定し、自分らしい商品を創り出しましょう。

3. 容器やパッケージを決める

デザインも重要なポイントです。顧客が好むデザインをイメージし、デザイナーを探すことも大切です。OEMメーカーによってはデザイナーを手配してくれる場合もあります。

4. コストの確認、試作品を作る

コスメの中身や容器、パッケージなど全体のコストを確認しましょう。コストが計画に合えば、OEMメーカーに試作品を依頼します。試作品は無料または有料で提供されることがあります。

5. 商品仕様を決定、発注

コスメOEMメーカーの工場は発注が確定してから原料を発注します。この段階で納期がわかります。OEMメーカーは注文を順番に製造するため、混雑期（年末や連休前など）は納品スケジュールが長くなることもあるため、早めの発注が大切です。

6. 製造、納品

コスメOEMメーカーは商品を指定の場所へ配送してくれます。コスメは梱包がしっかりしているため、大量の商品を作る場合は保管スペースの確保（商品を1，000個作ったとしたら1坪程度）が必要です。

コストはいくらかかるの？

1アイテムあたりざっくり80～200万円です。これはOEMの相談を受ける際に最初に聞かれる質問です。なぜこんなに金額の幅があるのかと言えば、コスメ商品を作る数によって価格が変わるからです。

たとえばスキンケアコスメをコスメ工場にOEM発注する場合、1，000個作ると約80万円前後、3，000個作ると約200万円前後の費用がかかります。この費用の中には容器やラベル、印刷など、コスメ完成までに必要なすべての費用が含まれています。なぜ数量が増えると安くなるのかというと、コスメ工場も原料や容器をまとめ買いすることで安く仕入れることができるため、製造ロットが下がるほど1個あたりのコストが下がります。これは一概には言えませんが、私の経験上1，000、3，000、5，000、10，000個がコストが下がるラインです。コスメ商品を製造してくれるOEMメーカーに「何千個から価格が安くなりますか？」と聞いてみると早いでしょう。

ただし、最低基準の1，000個でも完売までのハードルは高いでしょう。広告やプロモーションの費用も必要ですし、販売するための販促物だって自分で用意しなければなりません。販売方法によってもそのコストは変わってきます。

「最初は極小ロットで製造して市場の反応を見てから本格的に製造をお願いしたい」という要望が多くありました。そのため、私のコスメ工場では、100個単位で香りやパッケージを変更できる企画をスタートさせました。この極小ロット100個単位で製造するには、約10万円前後の費用がかかります。このサービスに対して、「取引先に試供品として配って反応を見たい」「自社で販売する数量にちょうど良い」と嬉しい声をいただいています。新しく参入するビジネスにおいては、大きな損失を避けるためにもスモールスタートがおすすめです。極小ロットは3，000個作るよりも割高かもしれませんが、少ない数量でも自社のコスメ商品を試すことができるため「コスメ商品を作ってはみたけど売れない」というリスクを抑えます。きっと長い目で見たときのコストは安くなることでしょう。

発売までどのくらい時間がかかるの？
スピードアップの秘密

コスメ商品の発売までにかかる時間は、一般的に相談開始から納品まで平均で6か月ですが、長い場合には10か月以上かかることもあります。スキンケアコスメを製造するだけなら1週間で製造できることもありますが、実際には容器の選定や発注、パッケージデザインや処方、香りの決定など、決めるべき要素が盛りだくさんです。

ただし、時間をかけるからといって必ずしもヒットする商品ができるわけではありません。実際には、時間がかからなかった商品の方がヒットすることもあります。その違いは、コスメ商品のイメージが具体的に描かれているかどうかにあります。

新しいコスメ商品を短期間で開発したい場合、ベンチマーク商品を活用することが秘訣です。ベンチマーク商品とは、自社が作りたいコスメ商品のイメージに近い他社の既存商品のことを指します。このベンチマーク商品をコスメOEMメーカーに伝え、それをもとに自社の顧客に向けた改良を行い、ヒット商品を生み出します。

コスメOEMメーカーとの円滑なやり取りが時間短縮の鍵です。相手に明確なイメージを伝え、意見をしっかりと交換することで、効率的に商品開発を進めることができます。

ラインナップはどうする？

スキンケア商品を販売したいから、化粧水、乳液、美容液……それから洗顔用石鹸もあった方が良いでしょうか？ ラインナップを揃えてトータルで提案したくなる気持ち、とてもよくわかります。

ラインナップを増やしたことで売れない商品をいくつも作ってしまった痛い経験が、私にはあります。過去に地元の原料を使ったシャンプー、トリートメント、ボディソープ、ボディクリーム、美容液のラインナップを立ち上げた経験がありますが、その中で販売が好調だったのは美容液だけでした。残りはどうなったか？ 在庫として事務所に山のように積み上がっておりました。このように新しいコスメブランドのラインナップの中で、どの商品が顧客に受け入れられるのかは販売してみないとまったくわからないのです。シャンプー、トリートメント、美容液には自信がありましたが、ボディソープとボディクリームは勢いで作ってしまったといいますか、使用感もコンセプトもぼんやりとしていて、顧客にとって悪くは無いけど、良くもないため選ばれなかったのです。

また、ラインナップを増やすならばその分コストがかかります。小さな会社にとって初期コストは限りなく抑えていきたいはずです。そこで私がおすすめするのは特に自信がある1、2アイテムに絞り、市場の反応が良ければ、少しずつラインナップを追加していく方法はいかがでしょう？

いくつかのコスメ商品を作りラインナップにすることで、ブランドが提供する価値やイメージを向上させることができるかもしれませんが、はじめてのコスメビジネスをする際に必要なことは、「あなたが作ったコスメが顧客に指示された」という小さな成功体験です。それを繰り返していくことで、顧客が本当に求めている次のアイテムが見えてくるはずです。まずはひとつのヒット商品を作ることから始めていきましょう。

コスメ商品を作るために使える助成金はある？

2020年の新型コロナウイルス感染症の大流行で世界的な不景気、経済難が続くなか、企業は経営の安定化を図りたいことから既存のビジネスだけではなく、他業種にも進出しました。その背景には、他業種に進出するための国による補助金やサポートなどが充実したことが挙げられ、これまで国の支援を受けることがなかった企業ですらアンテナを張り巡らせるような時代になりました。

助成金とは、特定の団体や活動を支援するために提供されるお金のことです。申請や審査などの手続きを経て、一定額の資金を無償で受け取ることができます。これは新しい活動を始めたり、新たな事業展開を行う際に非常に役立つ財源となります。

コスメ商品で助成金を使うコツ

助成金のルールとして販売して、利益を得る商品を製造するために使うことはできません。助成金はデザインやウェブページの開発など、あくまで新商品を販売するための準備費用と考えるのが良いでしょう。

しかし、ここでちょっとした裏技をお伝えします。利益を得ないテスト販売用の商品を作る費用ならば助成金の経費として認められることが多いのです。補助金を使って、サンプルを各所に配布し、テストマーケティングをすることができます。

コスメブランドの立ち上げに便利な補助金制度に、「小規模事業者持続化補助金」があります。必要な経費の1/2から2/3が補助されます。中小企業や小さなお店が利用可能です。日本商工会議所が取りまとめている助成金なので、近隣の商工会に相談してみるのが早いです。商工会の会員でなくてもサポートを受けて申請することができます。

他にもさまざまな団体から助成を受けることができますが、種類がありすぎて、自分のビジネスプランが対象になるのかわからないことが多いですよね。

そんな時は「第3セクター」に相談してみましょう。

第3セクターとは、公共部門と私企業が連携して運営される組織のことです。地方自治体や中央政府と民間の企業や団体が協力し、公共サービスを提供したり、地域の課題を解決したりします。

普段なかなか関わりになることがない団体ですが、助成金となると情報の提供からプランの検討、さらには申請書の作成まで手伝ってくれる、心強い支援機関なのです。またこの第3セクターから提供される助成金の情報は、地域資源を活用したものが多いです。

あなたの会社でもご当地の名物となるような素材の取り扱いはありませんでしょうか？　地域の特産物を原料に使ったコスメ商品は、その地域の特色や魅力を反映し、地域のブランド価値を高めることが期待されます。このような地域振興に貢献する事業は、補助金の対象となりやすい傾向があります。

オリジナルの原料で差別化を！　持ち込み原料を使うコツ

米、野菜、植物、種、塩、鉱物、水……。コスメ成分の原料になるものはいくらでも存在します。オリジナルの原料を使用してコスメを制作することで、ご当地コスメや地域おこしを目的として、他社と差別化を図ることができます。たとえば、○○地方の蜂蜜、こだわりのお茶といった「地域の特産品をオリジナルコスメにしたい」と、私のもとには多くの相談が舞い込みます。

オリジナル原料は「北海道産のラベンダーエキス配合」のようにその地域ならではの珍しさを演出し、他商品との差別化を図ることに役立ちます。

オリジナル原料を使用するためには日本化粧品工業連合会によって定められた「表示名称」を表記することになります。たとえば、日本酒を成分として使いたい場合は「コメ発酵液」のような表記をする必要があります。すでに化粧品原料として登録があるものであれば、費用はかかりませんが、コスメの原料として使用するのはまったく初めてという場合はかなり難易度があがります。

また、オリジナル原料を使いたいと考えたら、すべてのコスメ工場が受け入れるとは限りません。私のコスメ工場では大学や高専などと共同研究を行い、助言を受けることでようやく持ち込み原料をコスメに配合できています。「持ち込み原料、対応可能！」と告知していると、これまでには私の想像を上回るあらゆる原料が持ち込まれました。たとえば「なまこ」「野草」「母乳」これらは化粧品の原料として表示名称が登録されていない素材です。美容成分を抽出するとなると、安全性の試験が必要となりますし、その後に原料申請・登録が必要なので、その分費用と時間がかかるのです。

たとえば植物エキスを原料として使用する場合、これらの条件を考えておくと良いでしょう。

・植物からエキスを抽出するならば使用する部位（花、葉、茎など）を明確にする
・化粧品原料として表示名称の登録有無を確認する
・日本食品分析センターなどに依頼して微生物検査を実施する
・農作物ならば収穫時期や収穫量など、安定供給可能かどうかを確認する

また、ご当地コスメが陥りがちなミスとして、そのオリジナル原料が顧客が求める美容効果をイメージしやすいかどうかも重要です。たとえば、蜂蜜の石鹸とトマトの石鹸、どちらが美容に良さそうに感じますか？　どちらも健康には良さそうですが、蜂蜜の方が保湿をしてくれそうなイメージがあります。反対にトマトは健康に良さそうだけど肌には……？　と顧客が美容効果をはっきりとイメージできない原料もあります。私の会社でも、蜂蜜とトマトの石鹸を同時に販売したことがありますが、顧客が美容効果を想像しやすい蜂蜜の石鹸のほうがトマトの石鹸と比べて4倍以上も売れました。

最先端の機能性成分・美容成分を使いたい

ＳＮＳ上では〝成分マニア〟と自称する人々が増え、化粧品の成分に対する注目が高まり〝成分ブーム〟が広がっています。たとえば、レチノールやナイアシンアミド、セルロースナノファイバーなどの成分が注目され、これらの成分を含む製品が続々と登場しています。

このトレンドの裏には、顧客のコスメ知識の向上があります。コスメ商品の品質を判断する際には成分が重要な指標とされているようです。業界では常に新しい効果効能が期待できる成分が開発されていて、研究開発によりエビデンスのある機能性成分も次々と誕生しています。

セラミド	キメが整って、奥から潤いに満ちたふっくらとしたバリアを作る
フラーレン	ノーベル賞受賞！黒ずみやシミの原因が抑制され、白く明るく透き通る肌へ
セルロースナノファイバー	水分を抱え込むように潤いをキャッチ。保水性、増粘性、安定性に優れた木質由来素材

レチノール	肌表面の表皮では細胞のターンオーバーを促進し、皮膚のゴワつき・きめをケア、小ジワをなめらかに
ナイアシンアミド	メラニンの生成を抑え、シミを防ぐ効果があります。美白効果も高く、くすみのない透明感のある肌に

このように見てみると、高機能なコスメ商品が完成しそうですよね。ただし、配合するためには費用が高額になってしまうことを覚悟しておきましょう。その理由としては２つあります。

①　高機能で話題の美容成分は、ほとんどの場合、成分や技術に特許を取っています。使用する場合は追加の費用がかかってきたり、権利上の関係からヘアケアには使用不可というピンポイントの制約まであり得ます。

②　「フラーレンとナイアシンアミドを配合してほしい」とコスメ工場にオーダーしても、その原料を常に在庫をしている工場ならば良いですが、在庫がない場合はコスメ工

場の原料メーカーに発注することになります。その最低発注単位が大きいのです。一斗缶をイメージしてくれるとわかりやすいですが、最低でもあの大きさで原料が送られてきます。もちろん全部は使いきりませんが、一斗缶サイズ分の原料の価格が上乗せとなるのです。つまり1つ、2つと配合原料の指定をすればするほどコスメ商品1個あたりの製造単価が高くなります。

絶対に失敗しない香りを選ぶポイント

香りは消費者がコスメを選択する際の大きなポイントです。

おしゃれな商業施設に入っているコスメ専門店を見てみてください。さまざまなコスメのテスターが並んでいると思います。女性は、それを試すときにまず手に取り、テクスチャーを確認、その後必ずと言っていいほど香りを嗅ぐのです。どんなにコスメの使用感が気にいっても香りが苦手だと購入をためらってしまいますよね。

香りはコスメの最大の強みです。この選択をミスすると、どんなに素晴らしい成分が入っていても売れないコスメとなってしまうのです。

コスメ商品の香りは、大きく分けて2つのタイプがあります。

①　天然香料……植物（花、果皮、根）から抽出した精油（アロマオイル）。

②　合成香料……化学的に作られるもの。自然界にない香りも存在するのが特徴。

こう見ると、天然香料のほうが安全なのでは？　と考えてしまいがちですが、天然＝良い、合成＝悪い、ではありません。天然香料はアレルギーを引き起こしてしまう物質が混ざっていることもあります。反対に合成香料は厳しい品質管理がされているためアレルギーは出にくいと言えます。香りのトラブルを防ぐためにコスメに配合できる香料はコスメ商品の種類によって最大値が定められており、限られた量しか配合できなくなっているので香料によるトラブルを心配することは少ないです。

コスメに使う香りはどんなものが良い？

ストレスを緩めるなら、カモミール、ラベンダー。気分を高めるなら、イランイラン、ジャスミン。植物由来の香りは、太古から薬としても使われるほど人々の暮らしを豊かにしてきました。あなたが使っているコスメの中にもきっと気分が上がる香りの商品があることでしょう。

さて、たくさんの種類がある香りの中で、コスメ商品には一体どの香りを使ったら良いのでしょう？

ありがちなのは「ビジネスオーナー自身が好きな香り」、「社員みんなで選んだ香り」、このような選び方はとても危険です。コスメ商品を購入するのは顧客ですので、周りに見込み客となりそうな人がいるならば、その人が好きな香りを選んであげれば良いのです。

私はこれまでさまざまなコスメを手がけてきて、香りについては一つの真理にたどり着きました。

「誰かの100点は、誰かの0点である」

森林の香りを例にあげましょう。針葉樹林を思わせるウッド系の深くリラックスするような香り。好きな人はとことん好きです。しかし人によっては「オジサンのにおい」と表現されることがあります。

このように香りは種類によって好き嫌いがものすごくはっきり分かれるのです。

では、どのように香りを選んだら良いのでしょうか？

その答えはケースバイケースですが、大きく2つのパターンに分けられます。

コスメ商品の使用感に自信がある場合

誰もが好むような無難な香りを選びましょう。感覚を点数にするならば、70点くらい。柑橘系やフローラル系、せっけんの香り、とにかく無難な香りを選んであげると良いです。勝負するべきはコスメの使用感なので、香りで100か0の勝負をするのはやめましょう。

コスメ商品の使用感が他社と差別化できていない場合

香りのラインナップを増やし、ウッド系、ラベンダー、人によって好き嫌いがわかれても良いので、特別な香りで購入を迷っている人たちの嗅覚を鷲掴みにして販売に繋げましょう。

どんな人々にコスメを提供したいかイメージして、香りを選んであげると良いでしょう。

無香料は難しい？　原料にも香りがある

コスメの香りが苦手という人もいるため、世の中には「無香料」「香料フリー」のコスメ商品も多く出回っています。しかし香りを嗅いでみると、うっすらと薬品のような匂いがします。無香料なのになぜ？と思うでしょうが、「無香料」の表示が意味するのは、香料が入っていないというだけなので、「無香＝香りが無い」という意味ではないのです。

香りをプラスするのは簡単ですが、マイナスしていくのはとても難しく、コスメ商品に使われる保湿成分などの原料がもともと持っている薬品のような香り、いわゆる原料臭はどうしても消すことができません。

商品を引き立てる、容器選びのコツ

コスメ商品と容器は切っても切り離せない存在です。石鹸を除いてはすべてのコスメが容器に入っています。

ＬＯＦＴやＰＬＡＺＡのようなバラエティショップに行くと、可愛らしくおしゃれな容器が所狭しと並んでいます。なんとなく見ているだけでも目に留まり、手に取ってしまいますよね。

コスメビジネスを始めようと思っているあなたも魅力的な演出ができる容器を選びたいのではないでしょうか？

でも、実はあの可愛らしい容器、ものすごくコストが高いのです。なぜバラエティショップに並んでいる他社コスメ商品はそれができるのか？　それはびっくりする位の数を作っているからです。

あなたが初回の生産ロット10，000個＋オリジナルの金型代の120万円を支払えて、それらを価格転嫁できるのなら話は別ですが、ほとんどの場合、難しいでしょう。最初は既存の容器を使用し、印刷などを工夫するというのが現実的といえます。

では、数百個単位で容器を買おうと思ったらどんなものがあるのか？　これまた厳しい話なのですが、無着色の透明プラスチックのような容器に白色のキャップが付いているものがほとんどです。透明のペットボトルをイメージしてください。そこにラベルを貼り付ける、または印刷をする方法になります。これがなんとも……安っぽいのです。どんなに素晴らしい中身が入っていようとコスメ商品の価値が半分くらいに見えてしまいます。

なぜ世の中はプラスチック容器ばかりなのか？

アルミ製の容器やガラス瓶の容器は見た目に雰囲気や高級感が出やすく選択肢として挙げられますが、デメリットの方が多くありますので、あまりおすすめはしていません。

ガラスは空気による酸化のおそれがないため、外部の影響を受けて変色・変質しやすいコスメを入れる容器としては最適ですが、割れ物ですので、お客様に配送する時はひとつひとつにクッション材をかぶせるなど発送作業が負担となります。また、ヤマト運輸などの配送業者は重さによって価格が変わります。まとめて商品を発送する際に送料が高くなり余計なコストがかかってしまいます。

アルミ容器も配送の途中で傷やへこみができやすいです。ガラス瓶容器と同様にネットショップなどで個人宅への配送を考えているならば避けた方が良いでしょう。

プラスチック製（樹脂）の容器は、ポリプロピレン（ＰＰ）やポリエチレン（ＰＥ）の表記があるものです。化粧品だけではなく、食品、医薬品などの容器としても使用されています。ガラス瓶よりもリーズナブルで着色・加工がしやすいというメリットがあります。

プラスチック製の容器は製造過程のメリットだけではなく、軽量で持ち運びがしやすいという消費者側のメリットも大きいため、日常的に使うコスメ商品の容器として最適です。

容器にどのくらいこだわるのかは販売方法によって選ぶのが良いでしょう。

自社店舗や対面販売

容器は地味でもよい。自社ブランドのファンに対面で説明ができるため、商品の魅力を直接伝えることができる。

他社店舗での販売がメイン（バラエティショップや楽天などのＥＣモール）

容器はアイキャッチを取れるものにする。置いてあるだけでは売れない。

容器は、コンセプトや販売方法によって変わってきますが、コスメビジネス初心者は容器のギリギリ合格点を狙いましょう。

手っ取り早く格好をつける方法をご紹介します。それは容器の「着色」です。着色をするだけで、なんとあら不思議。高級感が出たりするものなんです。

着色は１，０００本からお願いできる容器メーカーもありますが、容器代を現実的なコスト内に収めようと思ったら、一般的にボトルは３，０００本、チューブは８，０００～

10,000本を目安にしておくと良いです。意外と多く作ることになりますよね。3,000本の容器を注文して1,000本ずつ中身を作っていくなども方法のひとつですが、この方法で私は販売が振るわなかったコスメ商品を作ってしまい、2,000本の空き容器を抱えたことがありました。想像を絶する量の段ボールが自室に積み上がっておりました。

考えようですが、ヒットする確証がないものをいきなり多く作ってしまうのはリスクがあります。まずは割高でも利益率が少なくても1,000本でスタートする方法はいかがでしょうか。確実にヒットが見込めるのならば、3,000本作れば良いのです。

ここでは種類は少ないですが、数百本単位で購入ができる着色容器を在庫しているメーカーをご紹介します。価格も3,000本注文した時と同じ程度なので、私もよく使っている会社です。

- **武内容器 株式会社**……100本段位で購入可能。ギリギリ合格点を取れるコスメ容器がこの価格で手に入る。小回りが利き、早い。
- **竹本容器 株式会社**……着色容器を作るのならば、最終的に一番コスパが良いメーカー。

品質が高く、容器でやりたいことは大体できる。とにかくわかりやすい。

・**三洋化学工業 株式会社**……アイデア容器が多数。ロット数はやや多くなるが、クリーム容器がおすすめ。

絶対に失敗したくない！ 試作品と容器の相性チェック

コスメOEMをする際には、試作品を作ることになります。

試作品をうまく作るコツとして、仕上がりのイメージに近い他社の商品（ベンチマーク）をコスメ工場に渡して「これに近いものを作って下さい」と言うのが早いです。それからもっとしっとりさせるのか、泡立ちを良くするのか考えていけば良いのです。この方法で2，3回の試作をし、処方を決定することができます。

試作品を作るまでの時間は、およそ2週間から4週間程度でしょう。試作品は小さな容器に入れられて、送られてくることが多いです。

その際にやってほしいのが容器との相性チェックです。硬さなどのテクスチャーを実際の容器で検証をすることをおすすめします。中身と容器を合わせた出来栄えを確認することで、失敗を防ぎ、お客様に満足していただける品質のコスメを提供できるようになります。

失敗から学んだ教訓

数年前、私はオイル美容液の開発に取り組んでいました。特許を取得した処方で、べたつかずさらりとしたテクスチャーが特徴で、理想的な商品に近づけたと感じていました。パッケージも完成し「これで準備が整った」と、私は販売先の企業にサンプルを送りましたが、そこで思わぬトラブルが発生しました。

肉厚のプラスチックボトルに充填したオイルが飛行機の気圧で膨張し、容器のわずかな隙間から漏れ出てしまったのです。「これでは売り物にならない」と容器をすべて廃棄し、密閉できる新しいボトルを選択することになりましたが、余計なコストと時間を費やすことになりました。

この経験から、試作品を作る際には容器との相性チェックが重要だと気づきました。テクスチャーが硬すぎてポンプから出ないなどの失敗例もよくあるものですが、輸送の際にもトラブルが生じる可能性があることを学びました。失敗を避けるためには、試作品にさまざまなストレスをかけてみることが大切です。輸送テストや直射日光に当てて中身の劣化がないか調べることをおすすめします。

外箱も重要な印象を決める！パッケージはどうする？

パッケージとは商品の箱をイメージしてください。紙製、布製、プラスチック製など、素材もさまざまです。ネットで探せばいくつものパッケージ制作会社がヒットします。使用した容器をその会社に送ってぴったりの箱を作ってもらうと1，000枚で15万円程度となります。1枚単価にすると150円。案外高いです。しかし、商品の一番外側ですので、コスメ商品を店頭に並べることを予定している場合はここに力を入れていきましょう。容器はギリギリ合格点で良いですが、パッケージは別です。

反対にネット販売がメインとなる場合は、パッケージは最低限のクオリティにして、その他の場所にコストを回したほうが良いかもしれません。まずはあなたのウェブショップを見つけてもらう広告費など回すことをおすすめします。

家賃が無駄になる！ パッケージを頼むときの注意

数年前のある日のことです。私の会社に新商品のパッケージが13，000個も届きました。おそろしいほどの段ボールの量で、オフィスの一角が埋まり、私も社員も呆然としてしまいました。なぜこんなことになったのでしょう？

それはパッケージ会社からの見積もりの内容にありました。

5，000個だと15万円（1枚あたり50円）

13，000個だと16万9千円（1枚あたり13円）

このように枚数によって単価が変わるのです。「2万円程度しか違わないし、多めに頼んでも良いだろう」こう考えたのが間違いでした。そのパッケージは5年ほどかけて消化しましたが、パッケージの置き場所には家賃というコストがかかっていることを忘れていたせいで、長い間会社のスペースを無駄にしてしまいました。

まるで大型スーパーで大量に冷凍食品を買いこんで、大型冷凍庫の電気代を余計に払うことになり、結果的に損をしているようなものです。

パッケージは紙やプラスチックなど素材はさまざまで、どの程度の物量になるのかがイメージしにくいです。金銭ベースで見たら大量買いのほうがお得でも、会社のスペースを損なうことを考えたら2年程度以内に消費できる現実的な数を頼むほうが良いでしょう。

失敗するオーダー方法

ＯＥＭ工場を困らせてしまうオーダー例として「とにかく売れる品質が高いコスメを作って」、「最近流行の○○みたいなコスメを作って」などというものがあります。良いものを作ったからといって売れるわけではありませんし、すでに売れているコスメ商品に似せて作ったところで、後発で勝つには広告やプロモーションで相当な資金を投下する必要があるでしょう。

また、近頃はオーガニックやエシカル、ヴィーガンをテーマにしたコスメの相談を受けることも増えてきました。でも、よくよく聞いてみると、依頼者はオーガニックやエシカル、ヴィーガンの衣食住に関係するライフスタイルをほとんど実践しておらず、顧客が求めていることを理解しないまま、「流行っているから」と言ってコスメブランドのテーマを決めようとしているケースもありました。

コスメ商品を作る時には「肌や髪の○○な悩みに応えたい」というアイデアを出発点に

してみてはいかがでしょう。つまりＯＥＭを依頼する際には「どこの誰に、どんな価値を提供したいか」をイメージできていることがヒット商品を作る秘訣です。

思わぬところにヒット商品のチャンスあり

２０１７年の春、ロサンゼルスの日本領事館でご当地商品をＰＲするイベントがあり、私のコスメ工場で作っている石鹸も出品されるという幸運に恵まれました。

「世界へ売り込むチャンスが到来！」と意気込んでアメリカまで行ったものの、英語力のなさに商談はうまくいかず、帰国する飛行機の中で悶々としているとき、あることを思い出しました。イベント会場で石鹸を手に取った日本人が、突拍子もないことを口にしたのです。「この石鹸がロケットの燃料になるかもしれない」と。彼は、民間企業の宇宙飛行士でした。ロケット燃料はゴムやプラスチック、つまり元は油だったものを固形にして燃やしているのですが、石鹸も元は油です。彼は言いました。「石鹸でロケットが飛んだら、世界初だよ」と。

私は帰国し出社して開口一番、従業員に「石鹸を燃料にしてロケットを飛ばそう！」と言いました。今でも、そのときの皆の顔が忘れられません。全員が固まっていました。皆、頭上に？マークが浮かんでいました。「社長はアメリカ行って何があったんだ？」そんなことを思っていたでしょう。

偶然はさらに重なります。ちょうどその翌日のこと、ロンドンブーツ1号2号の田村淳さんが、私の会社にテレビ番組のロケで訪れた際、石鹸で作るロケット燃料に興味を持ってくれて、石鹸を燃やすシーンがテレビで放送されました。

そこから、北海道のロケット分野の専門家や地元の企業から次々と電話が鳴り、「石鹸でロケットを飛ばすことについてもっと聞かせてほしい」と問い合わせがありました。そして、石鹸の燃料を使ったロケットを打ち上げるプロジェクトがスタートしたのです。

初年度の打ち上げ実験は90回を越えました。不発、爆発を繰り返し、試作を重ね、「20～30センチ？ わずかにロケットが飛んだ！」と思える時もありました。

そうしたなか、旭川東高校の課外授業の講師に招かれ、生徒と一緒にロケットを作りました。私が住んでいる地域では特に優秀な子が集まる進学校です。さらに地元の企業も協力してくれて、鉄工所が発射台を、情報システムの会社が発射装置をと、すべてがとんとん拍子に進みました。ロケット打上げの当日はテレビ局や新聞社などのメディアも駆けつけてくれました。

秋晴れの昼どきのグラウンド、風もなく条件はすべて整いました。打上げのカウントダウンが始まります。フォー、スリー、ツー、ワン、発射！ シュッと音がして上昇した瞬間、バンッと爆発！ 破裂音とともに機体（期待）はばらばらに飛び散りました。

しかし、その後、日本の宇宙開発の先駆者とも言える秋葉鐐二郎氏（元宇宙科学研究所所長）や北海道でロケットを飛ばしている企業、植松電機の植松努社長との出会いがあり、貴重な助言をいただき、ロケットの性能は著しく向上し、最長飛行距離は40メートルまで達したのです。この成果は国連のプロジェクトWorld Space Weekに「世界初の石鹸ロケット燃料」として正式に取り上げられました。

発酵ナノオイルの発明

このロケット燃料の開発には思わぬ副産物がありました。ロケット燃料のもととなる油脂を、アルカリ剤を使って脂肪酸とグリセリンに分解する工程が時間もかかり面倒で「これ、何とかならないかな？」という悩みを、友人に愚痴っぽく話したところ、青カビ菌は油を分解して脂肪酸にできるという、目からウロコのアドバイスがありました。彼はベテランのチーズ職人でした。

「これでもっと楽に早く、石鹸からロケット燃料を作ることができる」と、すぐにアイデアを試してみました。

青カビと酵素で反応させた油を手で触れてみると、スルスル、サラサラ、ベタつかず、すーっと消えていくのに、しっとりと潤いが残りました。これまで触れたことのない不思議な感触に、「なんだ、これは？」と思いました。研究機関に分析してもらったところ、「これまでなかった、油のような何か」とのことで、すぐに知り合いの弁理士に協力してもらい、この物質（発酵ナノオイルと名付けた）の製造方法の特許を取得しました。

発酵ナノオイルは２０２２年、日本国内での発明・特許のコンテストでも発明協会会長賞に輝いた画期的な技術です。何が優れているのかと言えば、酵素の作用で油の分子構造が細かくなって、肌への浸透力を向上させます。さらに、髪や肌の栄養分となる脂肪酸量は、発酵前と比べて約３００倍にもなります。

髪はカラーやパーマで傷む、加齢で弱る。私は経営する美容室でこれまで８万人を超える人の髪を見てきましたが、髪で若々しい印象を出すために重要なのは、ツヤと毛先のまとまりです。

脂肪酸は、髪の表面のキューティクルに吸着すればツヤとまとまりを維持してくれます。問題は、その脂肪酸をキューティクルにどうやって吸着させるかでした。これを解決してくれたのが、紙、パルプの最大手メーカー、日本製紙が開発したセルロースナノファイバー（セレンピア）でした。

セレンピアは食品や化粧品など日用品に幅広く利用されている植物由来のバイオマス素材で、これと発酵ナノオイルの特許技術を組み合わせると、驚くべき効果を発揮しました。電子顕微鏡で見ると、髪の表面に皮膜のようなものができているのが確認できました。実際、髪の強度は10％上がり、切れ毛を防いでくれました。繊維（ウール、綿）で試しても、強く滑らかになりました。

この魔法のような成分が「キューティクルコルセット」で、これを配合したシャンプー、トリートメントが「ｒｉｒｉＱ（リリック）」です。ｒｉｒｉＱはテレビショッピングでも販売し、出演した私が美容師の立場から特長を伝え、売上は1時間で1，０００万円を超えました。シャンプーを変えて人生が変わったというお客様もいました。

実は、２０２５年の大阪万博でキューティクルコルセットを出展し、ステージで全世界に向けて「人生史上最高の髪」を実現する魔法のヘアケアを提案し、美容の歴史に名を刻みたいと考えています。全国の美容師や大手企業に呼びかけて、「世界の美髪プロジェクト」も立ち上げました。はじまりは、コスメと関係がないロケットがきっかけでしたが、今ではコスメビジネスの大きな柱となっています。私はこの先の展開が楽しみで仕方がありません。

あなたのビジネスで、コスメとは直接関係がなくても、きっかけになりそうな出来事はありませんか？今のビジネスの中で好きなことはないでしょうか？もしかしたらコスメ商品に生かすことができるかもしれませんよ。

自分にはとても無理？そんなことはありません。子供の頃を思い返してください。たくさんのことを経験したはずです。子供は好奇心の塊です。押しボタンがあれば指を伸ばし、クレヨンがあればのびのびと自由に描き散らします。何をするにも冒険であり挑戦です。知らないことを知っていく喜びに溢れています。しかし、多くの人はいつからか失敗を恐れリスクを避け、冒険しなくなり、ワクワクしなくなります。失敗がなければ成長もありません。人生は停滞し、退屈になります。

私たち人間は、好奇心と挑戦で進化する生き物です。この本を読んでいるあなただって新しいワクワクすることが欲しいからコスメビジネスを始めたいのでしょう。この先に書いてある第3章のコンセプトワークに取組み、あなたのコスメビジネスをより具体的にしてチャレンジを始めましょう。ずばらしい出来事が起こり、新たな出会いが待っているはずです。実際、私も自分の身に起きたことに驚きました。次は、どんな特別な物語が生まれるでしょうか。

第3章

コスメブランドのコンセプトを決める

コンセプトの決め方

そもそも、コンセプトって何？　と思う方も多いかもしれません。

ひとことで言えば「顧客に与える特別な価値」です。そのコスメ商品がどのようなものなのか、誰に向けたものなのか、消費者のメリットは何か、などを言語化したものです。

ただなんとなくコスメを作ろうと思い立ち、ターゲットとなる顧客のことを考えることなく作られた商品がヒットすることは非常に稀です。デザインや中身の処方ももちろん大事ですが、コンセプトを考えることが特に重要なのです。

実際に私のもとに相談に来るお客様でも、コンセプトがしっかりと定まっている方は多くありません。コンセプト次第で、容器やデザイン、中身の成分、販売する場所までも変わってくるため、コンセプトをしっかり定めないと商品の仕様がいつまでたっても決まらず、商品化までに余計な時間と手間がかかってしまうことになります。

コンセプトワークが必要な3つの理由

①　商品やサービスの方向性がブレなくなる

魅力的なコスメ商品を作るためには、ブレない方向性が必要です。顧客に一貫した価値を提供することで、コスメ商品の満足度が向上して、リピート購入にもつながります。反対に方向性がブレると、どのような価値をもたらしてくれるのか顧客に伝わらず購買活動に繋がりません。

②　コンセプトが共感を呼び、商品・サービスの購入に繋がる

顧客はコンセプトに共感するかどうかで購入するか判断しています。「自分の気持ちを思いやってくれているか」「ライフスタイル、価値観が一致しているか」などの共感を特に大事にして購入の意思決定をしています。

顧客に「これって私のためのコスメ商品！」と思ってもらえるようなコンセプトを目指していきましょう。

③　企業のブランディングに繋がる

コンセプトに対して顧客から共感を獲得できれば、話題となり口コミ・シェアが発生します。

「生産しているひまわり油が、無添加の生一番絞りだからコスメとして利用できるほど高品質」

「あの美容院は自らヘアケア商品を開発するほど顧客の髪と向き合っている」

あなたがこれまで進めてきたビジネスの認知が拡大することで企業のブランディングに繋がります。一時的な話題だったとしても、ユーザーの頭の中にブランドイメージが浸透するようになり、既存ビジネス自体のイメージアップにもなるでしょう。

小さな会社こそブランドを作ろう

ブランドと聞くとシャネルや資生堂など大きな会社を思い浮かべてしまいますよね。しかし、「ブランド」という言葉の起源は牛などの家畜に焼印をつけて自分の家畜と他人の家畜を間違えないよう区別していたことから始まり、そのうちに生産者を区別する記号としてブランドが発展していきました。このように、他とわかりやすく区別をつけるためにブランドは存在します。

資金や規模が小さい会社こそ、同じカテゴリー内にある多くのコスメ商品の中から顧客に見つけてもらうための「ブランド」が必要で、そのために必要なのがコンセプトワークなのです。

コンセプトはとにかく特化

あなたは、どちらの商品がヒットすると思いますか?

①　大人から子供まで顔も体も使用できる全身用せっけん

②　加齢臭が気になりだした40代男性のための洗顔石鹸

正解は②です。①は一見良さそうですが、本当に自分に合うのかがわからず購入をためらってしまいそうです。②はターゲットの間口は狭いですが、不潔なおじさんに見られたくない40代男性のニーズに当てはまる商品だといえます。

新商品を考えるとき、大人から子供まで誰にとっても使い心地が良い、魅力的なコスメ商品を作ろうと考えがちですが、これこそ大失敗のもとになります。

誰でも使用できて多くの需要を満たすのは良いことですが、そこを目指しすぎると結果的に誰にも必要とされず売れない商品になってしまうのです。

たとえば、ドラッグストアで売られている洗剤をイメージしてみてください。トイレの洗剤、おふろの洗剤、実は中身がほとんど変わらないのに使うシーンがはっきりとしています。同じ棚には万能洗剤もありますが、ドラッグストアで洗剤を買う顧客は毎日を忙しく過ごしている人が多いです。どこに使って良いか考えるのも面倒になってしまうから、ぱっと見てわかりやすい商品を選ぶのです。

どこの誰にどのように喜んでもらいたいかを考えるのがコンセプトワークの始まりです。ここから先はコンセプトを考えるコツをご紹介していきます。

コンセプトはどんなメンバーで決めたら良い？

コンセプトを決めるときには3名程度で話し合うのがベストでしょう。多すぎると無難な意見となりコンセプトが明確にならず、他社商品との差別化が難しくなります。コスメ商品のターゲットが女性の場合、社内の女性を3名集めてしまいがちですが、オススメなのはとにかく男女からモテる人物をチーム内に入れることです。私の完全なる個人的意見ではありますが、モテる男性1名、女性2名のチームがコンセプトワークをスムーズに進めています。

人からモテる人は、何をしたら人が喜んでくれるのかを常に追求しています。さりげなく夜景が見える雰囲気の良いレストランを用意してくれたり、ちょっとしたサプライズもお手の物です。わずかな情報から必要なことを察して、思わぬ場所やモノを提供してくれます。コスメ商品の話に限らず、商売の基本はあなたが大切な人に喜んでもらうことです。これから行うコンセプトワークはまさにサプライズの計画を練ることと一緒です。「誰に、いつ、どこで、何をして、どんなふうに喜んでもらうか」、サプライズはしてもらうのも良いけれど、仕掛ける側の方が楽しいものですよね。

1時間あれば誰でもできる「5W1H」

ヒット商品のコンセプトを考えるときの方法はとてもシンプルです。

What：何を
Why：なぜ
Who：誰が
Where：どこで
When：いつ

How：どのように

これら6つの要素を決めていくことで、ターゲットや利用シーンが明確になり、確固としたコンセプトができあがります。

What：あなたのコスメ商品が何なのか説明してみよう

コスメ商品を作ってみようと思ったからには、そこにはストーリーがあるはずです。コスメブランドを立ち上げた人の想いや歴史があって生まれた、唯一無二のストーリーが、そのブランドが本物であることを証明してくれます。

私はこれまでさまざまな企業や個人事業主のコスメOEMを手掛けてきましたが、不思議なことにできあがったコスメ商品は、コスメビジネスを立ち上げた人の雰囲気や服装などのセンスと似ているのです。

コスメ商品とは、コスメビジネスを立ち上げるあなたそのものです。あなたがこれまでに経験してきたこと、これまで積み上げてきたものをコスメ商品に使わないのはもったいないないです。ここから先はあなたの強みを改めて確認していきましょう。

歴史、伝統がある

これまで続けてきたことはありませんか？

創業○○年などの老舗であったり、守られてきた伝統、たとえば明治時代からあるお茶屋さんだったり、古来から氏子に親しまれている神社など、一朝一夕で他者に真似できないところが強みとなります。

原料や素材が優れている

あなたがビジネスの拠点としている地域で、美容効果が高いイメージがある特産品はありませんか？　たとえば、昆布、大豆などの食材だけではなく、温泉水、珪藻土などその地域ならではの原料が他社コスメ商品との差別化に繋がります。

ファン客、フォロワーが多い

SNSや自社の顧客など、ブランドや人物についているファンはいませんか？　インフルエンサーやおしゃれな雑貨店がコスメビジネスに参入するのは、すでにあなたの価値観を支持してくれるファンがいることが強みとなります。美容系のサロンを経営しているなど、人やサービスに対してファンがついている場合も同じと考えてください。

研究の体制がある

私は会社で取り組んでいたロケット燃料開発の技術を応用して、低分子化したオイルの開発に成功しました。大学などと共同研究ができる環境がある、コスメ商品に応用できそうな技術が自社にある、など思わぬところに強みがあるので、これまで突き詰めてきたことを思い出してみると良いでしょう。

販売ルートがある

楽天やアマゾンなどですでにネットショップを運用している、すでに店舗が複数あったり、既存の営業先を持っている。たとえば、健康食品の販売会社で数万件の顧客リストを持っている、なども大きな強みになります。

なりたい未来がある

あなたが叶えたい夢や目標も大きな共感を生むポイントとなります。薄毛で悩んでいる男性を救いたい、住んでいる町の魅力を知ってもらいたい、家族がいつまでも若々しく健康であってほしい……なりたい未来は、十人十色であるからこそ、同じ悩みを持った人から共感を得やすくなります。

あなたの経験や苦労が一番のセールスポイント

他社との差が感じられない商品は、「良いものを安く作る」前時代のデフレ型の価格競争に巻き込まれてしまうリスクがあります。小さなコスメブランドはこの価格競争から抜け出し、他社とわかりやすい差別化をすることで、売上と利益の向上が見込めます。

そこでターゲット顧客に共感をしてもらい、差別化をするひとつの方法として商品のストーリーを伝えましょう。

男性は結果に、女性は過程に共感する

ビジネスにおいて男性が重要視するのは、結果として現れる成績や成功に対する周囲の称賛であることが多い傾向にあります。過程を無視しているわけではありませんが、結果が出なければ評価には値しないと思う方が多いのではないでしょうか。一方で、女性は成功に至るまでの過程を重要視しがちです。もちろん目標を持って行動するのですが、「これまで頑張ってきたこと」「うれしかったこと」など過程やストーリーに価値を感じるのです。

母を想い、生まれた北海道純馬油本舗の馬油コスメのストーリー

母の手はいつも綺麗だった。

私の家は元々、馬油を使う家庭だったのですが、顔にも、手にも馬油を塗っていた母はいつも綺麗だったのです。そしてとある日、友人から「あなたのお母さんの肌はとても綺麗だね」と言われたことが嬉しかったのです。それをきっかけに、馬油でエイジングケアができるのでは？と考えました。より自然に、より綺麗に歳をとっていける肌作りができるのが、この「馬油」だと思いました。母に喜んでもらえる、いつまでも綺麗でいてもらえる製品を作りたい。その一心で研究開発を進めてきました。そして今は、そんなお喜びの声を皆様から聞けるのが嬉しくてしょうがないのです。


いかがでしたでしょうか？　独り立ちした息子を持つ60代前後の母親からすると、「肌をきれいにして息子に会いたい」と自然に思ってくれるようなストーリーではないでしょうか。これがストーリーの威力です。

ストーリーを語るとき、誰にコスメ商品を使ってもらいたいのか？　についてよく考えていきましょう。あなたがこれまで努力してきたこと、大切にしてきた人々の姿がコスメ

商品に大きな影響を与えてくれるはずです。

Why：なぜあなたのコスメ商品を買う必要があるのか

世の中には多くのモノやサービスがあります。たとえば、ドラッグストアの歯ブラシ売り場を思い出してみてください。たくさんの歯ブラシが所狭しと並んでいますが、本質的な機能は「歯を磨くことができる」という共通点があります。各社はデザインや機能で差別化を図っていますが、消費者にとってはそれほど重要ではなく、ついつい価格を見て買ってしまいがちです。それゆえ、商品の価値が明確でない場合、価格競争に巻き込まれてしまうことがあります。

あなたのコスメや商品を消費者に見つけてもらい、選んでもらうためには、「なぜその商品が必要なのか」をできるだけ早く理解してもらう必要があります。つまり、商品の特長や利点をわかりやすく伝えることが大切です。消費者に商品の価値を的確に伝えることで、価格競争に巻き込まれずに魅力的な選択肢として認知される可能性が高まります。

価格競争に巻き込まれないためには、「結果どうなる?」を伝える

家電量販店のパソコン売り場に行ったときの話をします。お母さんが子供と一緒にパソコンを選んでいました。店員さんは「こちらはCPUの性能が高く、メモリが○ギガで〜」とひたすらにスペックを説明していました。結局どのパソコンを選んだら良いのかわからずに親子は売り場から離れていってしまったように見えました。なんと残念な商品説明をしているのか……。もし私なら「このパソコンならば、処理スピードが速いので、ストレスなくお子さんや家族との思い出の写真をパソコンで保存、編集ができるようになりますよ」とお伝えします。顧客が欲しいものはパソコンではなく、パソコンで得られる新たな生活なのです。

コスメ業界でもスペックばかりを押し出した商品が目立ちますね。たとえば、ボディソープの販売では「オーガニック原料を使用」「天然由来の洗浄成分」「オリエンタルハーブの香り」といったスペックだけでは、消費者の心を惹きつけるのは難しいです。私なら「1日頑張ったお肌にご褒美！リラックスできる香りで癒しのバスタイムを演出します」といった、商品を使った後の結果を伝えるポイントを強調して魅力を伝えたいですね。スペック以上に、実際の使用感や生活にプラスする結果を伝えることが重要だと考えています。

この結果を理解することで、なぜ消費者があなたのコスメ商品を買うのか、が決まります。

顧客は、コスメ商品や特徴、メリットではなく、結果（＝嬉しい未来）のためにお金を払うと覚えておいてください。

スペックだけを並べたコンセプトは、先程の家電量販店のように顧客が購入する機会を逃してしまいます。だからこそ、顧客はなぜこのコスメ商品が必要なのか？を考えることが重要となってきます。

顧客が求める嬉しい未来

ヘアトリートメントの場合、次のどちらが顧客の求めている結果を表現しているかわかりますか？

①　夕方まで髪がまとまる。年齢よりも若く見られる。同窓会で注目の的。友人から褒められる。

②　先端の成分を配合。あの芸能人〇〇〇も愛用中。手触りが良い。SNSで大流行。

①が正解です。②は製品のスペックや選ぶ理由となります。

「夕方まで髪がまとまる。その秘密は先端の成分を配合しているから」と、結果→スペックの順で説明すると、より説得力が増します。

コンセプトを考える際、具体的なコスメ商品のスペックについて語りがちですが、それは「Ｗｈａｔ」の部分であり、顧客の共感を得るためには明確な「Ｗｈｙ」を示すことが重要です。

ここから先は「Ｗｈｏ：ターゲットのペルソナ」について明確にしていくことになりますが、そのまえに「Ｗｈｙ：なぜこのコスメ商品が必要なのか」が明らかでなくては、ターゲットに響くはずがありません。どんなひとに届けるものなのか、その人たちが求めているものなのか、コスメ商品を作るうえで特に重要な点なのです。

① コスメ商品で得られる結果とは、幸せな嬉しい未来

② 顧客はコスメ商品ではなく、結果にお金を払う

③ 明確な結果が存在しないコスメ商品は、顧客に価値が伝わらない

なぜ顧客がコスメ商品を求めるのかをはっきりさせなければ、どのような販売プランを立てるべきなのかもあやふやになってしまい、ヒット商品を作ることは難しいでしょう。

顧客が求める「嬉しい結果」とはコスメ商品を使うことで得たい気持ち、気分

顧客が求める「嬉しい結果」にたどりつくための考え方としては、「それをすると、どうなる？」を考えることです。

①　オリエンタルハーブの香り ↓ 癒しのバスタイムになる ↓ リラックスした気持ちになる

②　天然由来の洗浄成分 ↓ 肌への刺激が少ない ↓ 将来的に肌を美しく保つことができる安心感

スキンケアコスメを例にあげるならば、顧客が求めている結果は、リフレッシュする、自分に自信が持てる、リラックスした気持ちになる、自分を大切にしている気持ちになる、肌を傷つけない安心感など、このコスメ商品を使うことで自分の気分を上げることができるかどうかです。

このように考えてみると、顧客が本当に欲しいのはモノではなく、実体がない精神的な部分です。

コスメ商品は、顧客が自身の「気分を上げたい」「安心したい」を叶えることに価値を感じて購入をするものなのです。

Who：そのコスメ商品は誰が買ってくれるの？
販売ターゲット（ペルソナ）の決め方

何を販売するにしても、「ターゲット」の詳細設定は非常に大切です。ターゲットの年齢や好み、細かい部分までを具体的に想定して開発を進めれば、価格設定や販促に関する部分もおのずと見えてきます。

たとえば、ターゲットが若年層であれば、低価格・可愛らしいパッケージデザイン・大手量販店で販売・SNSを使った販促、といった部分まで想定できるのです。

ターゲットが求めているものは何か？

どんなに優れたコスメ商品でも、顧客が求めていなければ売れません。そして顧客が求めていたとしても、顧客の目に入らなければ知られることもありません。

ここでは、先ほど考えた結果（顧客が嬉しい未来）をどんな人に届けるのかを考えていきましょう。

顧客のタイプは必ずと言っていいほどこのパターンに当てはまります。
タイプ①　今すぐ欲しい人
タイプ②　興味はあるが、今すぐ欲しくはない人
タイプ③　課題を解決したいが、その商品を知らない人

タイプ①　今すぐ欲しい人

このタイプは、購買意欲が非常に高く、かなり具体的に、その商品を探しています。結論から申し上げますと、このようなコスメ商品は滅多にありません。世の中はモノで溢れかえっており、「旅先で日焼け止めを忘れた」などトラブルを解決したい場合か、あなたやブランドの強烈なファンでコスメ商品の販売を待ち望んでいる場合が当てはまります。

タイプ②　興味はあるが、今すぐ欲しくはない人

比較して検討しているタイプ。コスメ商品のターゲットとして一番多いこのタイプは「他社商品と比べて優れている」、「他社商品と効果効能が似ているが価格が安い」など、コス

トパフォーマンスが良い条件を満たせば購入してくれます。たとえば、オーガニック志向のある人がこれまで使用してきた市販の洗顔料から同価格帯のオーガニック洗顔石鹸に乗り換えるような場合をイメージしてみてください。

タイプ③　課題を解決したいが、その商品を知らない人

ぼんやりとした悩みを抱えているタイプ。他社商品とクオリティや価格帯が同じで、明確な差別化ができていない場合は、このタイプを狙っていくこともおすすめです。

数年前、私のコスメ工場では、ゼリー状のハンドソープを開発しました。こんにゃくのようなプルプルとした触感で、洗浄成分は優しいのですが、他社商品と比べたときに明確に差別化できるポイントはありませんでした。

当時は、新型コロナウィルスの影響で手洗いが重視されておりましたから、「子供がきちんと手洗いをしてくれない……」と悩んでいる親向けに、子供が手洗いしたくなるような可愛らしい石鹸というコンセプトで販売したところ、すぐに全国放送のテレビ局から取材が入り、国内のショッピングモールで子供服の専門店を展開するブランドから販売のオ

ファーが入り大ヒットとなりました。

このように、既存商品を新しいマーケットで販売する時も、③のタイプが当てはまります。

どこの誰に喜んでもらうのかを考える

このコスメ商品はどんな人に使ってもらおう？　と考えたときに、「40歳女性」などと安易に年代だけで決めてはいけません。40代でも20代のようにエネルギッシュに精力的に活動している人もいれば、ご隠居暮らしのような落ち着いた生活をしている方もいらっしゃいますよね。もっとわかりやすく言えば、あなたの同級生を思い出してみてください。同窓会で会ったときに「スタート地点は一緒だったのに、見た目もライフスタイルが変わりすぎて話が合わないなぁ」と感じるのはこのせいです。同い年でもさまざまな価値観の人がいますよね。コスメ商品の販売ターゲットを決める際は、年代ではなくライフスタイルごとに決めていきましょう。

図表3-1　具体的な顧客イメージの考え方

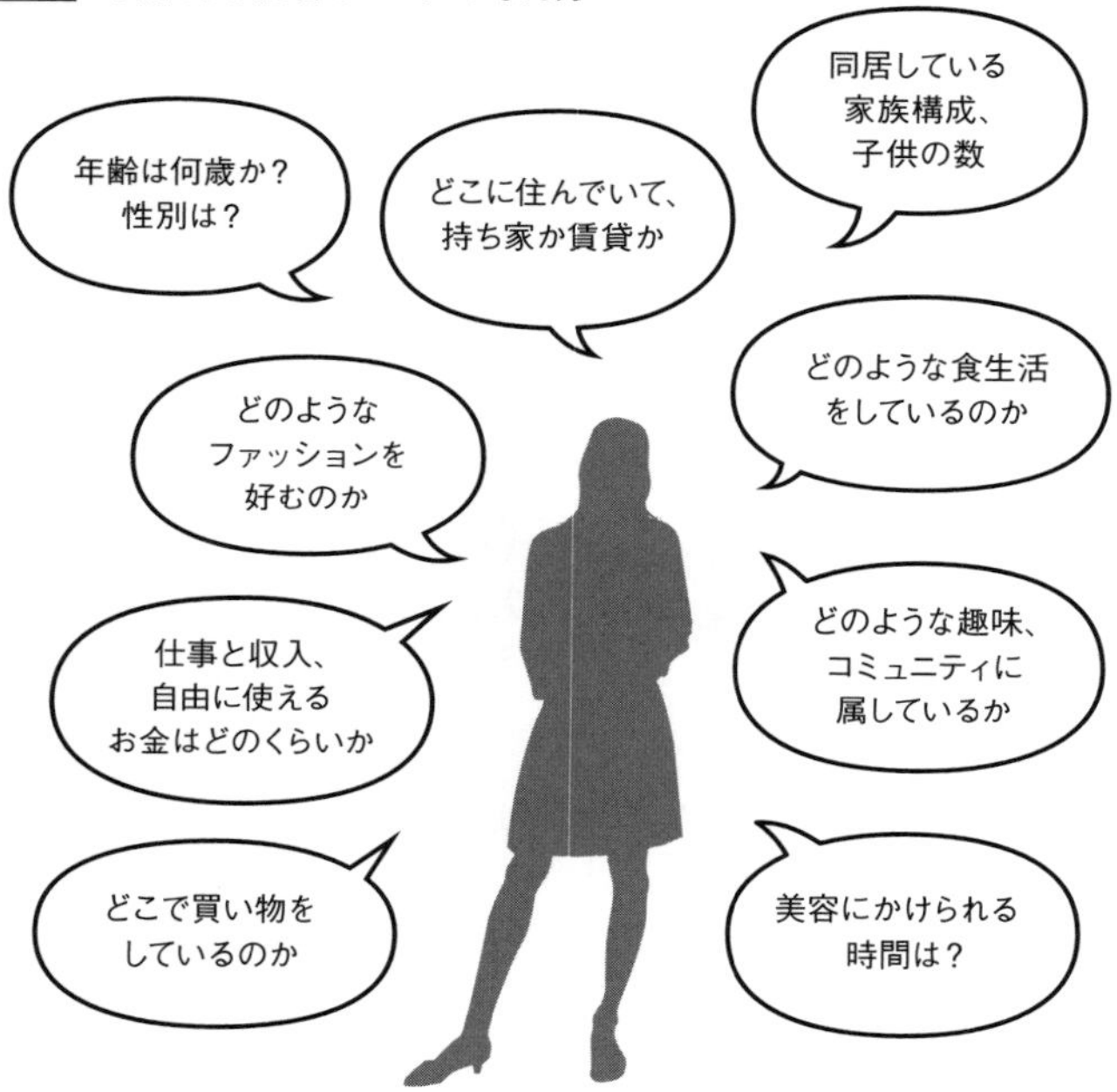
年齢は何歳か？
性別は？
どこに住んでいて、
持ち家か賃貸か
同居している
家族構成、
子供の数
どのような
ファッションを
好むのか
どのような食生活
をしているのか
仕事と収入、
自由に使える
お金はどのくらいか
どのような趣味、
コミュニティに
属しているか
どこで買い物を
しているのか
美容にかけられる
時間は？

◆くせ毛を抑えるヘアミストのペルソナ例

45歳、女性。

夫と中学生の娘がいる。

持ち家のローンがあるために、平日はパート勤務をしている。接客業なので、見た目の清潔感は保ちたい。

子供が大きくなってきたとはいえ、休日は朝からお弁当作りや、部活と塾の送迎に追われて、スキンケアやメイクアップにかける時間はそれほどない。

何よりもストレスに感じているのが朝のヘアスタイリングであり、以前は美容室で縮毛矯正をかけていたが、頻繁に美容室に通う余裕もなく、仕事の時は髪をまとめて済ませている。特別な日だけヘアアイロンを使う。40代になってから急に増えた白髪も気になっている。

SNSで美容に詳しい友人がおすすめしている商品をネットショップで買ってみることもある。

世の中の高級ブランド志向に疑問を持っていて、ユニクロなどのファストファッションでも衣服の生地がよく着心地が良いものを選んでいる。商品の特別感よりもコスパを重視する。

子供の塾や部活などのコミュニティを大事にしている。

子供の夏休みや冬休みなど半年に1度、家族で旅行に行くのが楽しみである。

ペルソナ作りの注意点

ペルソナとは、マーケティング用語としては「その商品を使用する典型的な顧客像」を意味します。つまり、あなたの商品を使ってもらいたい、顧客になってもらいたい人物像を考えてみましょう。それを想像するときに美容の意識や肌の悩みだけでは不十分です。具体的な顧客のイメージが明確であればあるほど、ターゲット顧客は「自分のライフスタイルにぴったりのコスメに出会えた」と思い購入するのです。

1つひとつライフスタイルを書き出すことで、「あぁ、こんな人が知り合いにもいるよね」と思えるようにイメージが明確になっていきます。

もしあなたの周りにペルソナに近い人がいたならば、美容に関する悩みを聞いてみてはいかがでしょうか？　さらなる商品開発のヒントが見つかるはずですよ。

Where：どこで買うのか？

あなたのコスメ商品がどんなもので、なぜそれを顧客が求めるのか、そして求める人はどんな人なのかが明確になってきたら、次に決めるのは「どこで購入できるか」です。前項で考えたあなたの商品のペルソナが、どんな場所で購入するのが一番ストレスがなく自然に購入できるかを考えてみてください。

昔は街の薬局やデパートの化粧品売り場がコスメ商品を購入できる場所でしたが、現代における化粧品の販売方法はさまざまです。ドン・キホーテなどのディスカウントショップやコンビニ、ホームセンターでもコスメ商品を買うことができます。

まずは、さまざまなコスメ商品の販売方法を大きくまとめましたのでご紹介していきます。

自社の店舗販売

店員が直接顧客にコスメ商品を販売する形です。あなたがエステサロン、美容院、雑貨屋さんなどを営んでいて、すでに販売を行っている店舗がある場合や、自社ブランドの専門店舗をデパートやショッピングモールに出店したり、物産展や販売イベントなど対面型の直販はすべてこの方法と思って良いでしょう。肌の悩みなどのカウンセリングを顧客に提供できることが特徴です。

オンラインショップ販売

インターネットを利用してコスメ商品を販売するオンラインストアが増えています。近頃はインフルエンサーや推しの個人が販売することも多くあり、顧客はウェブサイトやアプリで購入することができます。オンラインストアでは顧客のレビューや評価が公開され、評価が良い場合はさらなる販売促進につながります。注文時には顧客リストも手に入るため、コスメ商品をリピートしてもらうための戦略がいくつも考えられることもメリットです。

販売力がある企業に卸販売

販売力がある企業にコスメ商品を卸す方法です。ドラッグストア、バラエティショップなどの大型店舗から、店舗を持たないカタログ通販やテレビショッピングなども卸販売の仕組みとなります。この方法は利益率は下がりますが、マーケットを広く取れることが最大のメリットです。また美容院やエステティックサロンに使用されるプロフェッショナル用の業務用コスメも卸販売に該当します。

When：いつ、どうやって使う？

いつ使うのか説明しておこう

私が実際に美容室でお客様を接客する際に、よく聞かれる質問があります。「ヘアオイルは、髪を乾かす前につけるのか、乾かした後に使うのか」というものです。顧客がコスメ商品を使用する際に、疑問や違和感がないよう、使用するシーンや方法を明確にしておくといいでしょう。

たとえば、朝に使用するコスメならば、気分を高揚させるような香り、夜に使用するコスメならリラックスできるハーブやラベンダーなどの香りが人気です。これがミスマッチになると、夜なのに気分が高揚して寝られないなど、顧客離れの原因となってしまいます。

また、季節によっても適した商品を考えましょう。保湿効果を重視したしっとりとした美容液ならば冬の乾燥した時期に訴求するほうが適しています。一方、サラサラとした使用感でべたつきにくいものは夏にもストレスなく使うことができそうですね。

リピーターが続出する特別な使用方法で差別化

鏡の横にたくさん並んだコスメ商品。そのすべての使い方を理解していますか？

コスメ商品は正しい使い方をしないときちんと効果を実感することができません。

たとえば、SPFが30の日焼け止めを適量塗れば紫外線を97％カットできますが、その効果が得られるために必要な使用量は、顔と首に塗るならティースプーン1杯分が適量です。思っているよりも量が多いのです。ほとんどの使用者は適量に満たない量しか塗れていないため、日焼け止めの効果が実感できず、他の商品に乗り換えてしまうことも多いのではないでしょうか。化学的な理論はもちろん、コスメの専門的な知識はありませんし、なんとなく今まで使っていたものと同じ使い方をしてしまう顧客が多いのです。

ということは、コスメの正しい使い方を伝えることで、他社との差別化となり、顧客に価値を感じてもらえることになるでしょう。

これまでは商品と一緒に紙のパンフレットを送るなど文章での説明が主流でしたが、今の時代はSNSでわかりやすい使い方を動画で紹介したり、Instagramなどのライブ配信で、顧客の肌の悩みや季節に応じた正しい使い方を紹介することで、細かなニュアンスまで伝えることができます。

例1）使用方法

洗顔石鹸を手のひらで泡立て、顔全体を包み込むように洗います。ぬるま湯で丁寧にすすぎます。タオルで押さえるように水分を拭き取ります。

例1のような、どこかで聞いたことがある使用方法ではコスメ商品の特別感はまったくと言っていいほど感じられません。

例2）古い角質を無理なく剥がす洗顔方法

洗顔石鹸をネットでたっぷりと泡立たせ、顔全体へ。ほぼ力を入れずに優しくマッサージをしながら洗います。皮膚が動かない程度の超ソフトタッチで肌に残った皮脂や古い角質を、丁寧にほぐして浮かせます。指の動きはひらがなの「の」をイメージして3分動かしてください。すすぎのぬるま湯は肌より少し冷たい32度で、30回ほど両手ですすいだ後にタオルで押さえるように優しく肌の水分を拭き取ります。

いかがでしょうか？　例2のように使用方法の説明にこだわると、なんとなく効果がありそうですよね。事細かに使用方法を伝えていくことで「特別なコスメだから、特別な使用方法なのだ」と顧客に価値を感じてもらいやすくなります。

ここでもうひとつ、普段とは違う使い方を提案する例を紹介します。

例3）今あるもので美髪に近づける、週に1度のヘアケア方法「リバースケア」

リバースケアとは、通常シャンプーの後トリートメントをしてドライヤーの後にヘアオイルで仕上げるという順番を逆にして、最初にヘアオイルを毛先につけてトリートメントをしてからシャンプーをする、週に1回の特別なケアの方法です。

このように、ラインナップの使用順を逆にして、毎日のお手入れだけではなく特別なケアもできるコスメ商品として打ち出すことができます。

使用方法を顧客にわかりやすく伝えるのは大前提として、特別な使用方法は他社との大きな差別化となります。あなたのコスメ商品の特徴を生かしたベストな使い方を提案しましょう。

あなたのコスメ商品を「ひと言」で説明できますか？

「○○を解決するコスメ商品」と、商品のコンセプトをひと言で説明できればすばらしいですね。

たとえば、男性向けのコスメを販売するのであれば、「肌が弱い男性に、やさしいモテ肌を実現する、オールインワン化粧水」といったように、商品の特長を簡潔に伝えるキャッチコピーが大切です。消費者に直感的に魅力を伝えることが、成功の鍵となります。

コンセプトは方向性を定め、ブレることのない価値をユーザーに提供し、認知拡大やブランド力の向上などのメリットをもたらしてくれます。マーケティング活動で成功している企業は、必ず魅力的なコンセプトを掲げているはずです。

注意！　コンセプトを決める際のNG行為

自分中心で独りよがり

そもそも、顧客から求められていないことや、ただ単にお金儲けをしたい、周りからすごい！と思われたいだけの独りよがりな商品コンセプトでは、長く深く愛されるコスメ商品にはなり得ないでしょう。自分がやりたいことはアーティスティックでも良いのですが、利益を出すのは難しいことと覚悟しておきましょう。

他のブランドと違いが不明確で差別化できていない

「こだわりの成分」「自然に優しい」「女性を美しく」など、どこかで聞いたことがあるような曖昧なコンセプトのコスメ商品はすぐに真似ができてしまいますし、顧客の心には響きません。どのコスメ商品もこだわりが詰まっているのは大前提ですから、他社とは違う方向に舵を切って、差別化できる点をコンセプトに詰め込んでいきましょう。

ビジネスの成否を決める最適な販売価格の決め方

コスメ商品のコンセプトがまとまってきたら、価格の検討に入りましょう。

「どんなコスメ商品を作るのかは決まったが、値段の設定がわからない」、私のもとにも多く寄せられる悩みの1つです。

当然のことですが、利益を上げるためには、販売価格をしっかりと考えて設定することが必要です。価格の設定が間違っていると、宣伝やプロモーションにかける費用が少なくなり、コスメ商品が市場に流通することもなくなっていってしまいます。せっかく納得がいくコスメ商品を作ることができても、価格設定の間違いをしてしまっては非常にもったいないことです。

まずはコンセプト似ているコスメ商品、競合商品の価格を調べる

市場のニーズを調べるために、まずは類似商品や競合他社の商品の価格を調べてみることで、市場の相場感を知ることができます。

すでにターゲットのペルソナが設定されていることでしょうから、その人物がどこで買い物をするかをイメージして、競合商品を探してみてください。

なお、各商品のセールスポイントを一緒に調べておくことで、自社の商品と比べたときに、どこで差をつけるのかが見えてきやすいです。商品によって価格にばらつきがあるのは各社の戦略によるものです。

図表3-2 競合商品の比較例

	メーカー	製品名	税込価格(Amazon)※	換算価格(/100ml)	キャッチフレーズ、セールスポイント
1	SHIRO	ホワイトリリーヘアミスト	3,200円(80ml)	4,000円	髪を補修しながら心地よい香りを楽しめるヘアミスト。
2	BOTANIST	ボタニカルヘアウォーターN	3,580円(150ml)	2,387円	髪の水分油分バランスを整え、スタイリングのしやすい髪へ。
3	gelato pique	ヘアミストジェラピケ	2,690円(150ml)	1,793円	しっとりベルベットのような手触りに。
自社製品	ririQ(自社ブランド)	ヒートヘアミスト(仮)	2,970円(200ml)	1,485円	髪にハリとコシを与え、なめらかな手触りを実感できます。

※2023年12月時点の価格

原価率をいかに抑えられるかが収益性のカギ

次に原価と販売コストについて説明していきましょう。結論から申しますと、コスメ商品の原価率は20％～35％です。

1. 製造原価（20％～35％）

①　コスメの製造費用
②　容器代
③　シールや箱などのパッケージ代
④　①～③の配送コスト

コスメ商品に直接かけた費用が原価です。製造工賃（人件費、設備費など）は固定で発生してしまいます。容器や箱は外部から仕入れるので、コストダウンにも限界があります。

2. 販売コスト

① 販売のための人件費
② 広告宣伝費用
③ コスメ商品の送料
④ リアル、ネット店舗の管理費
⑤ クレジットカードなどの決済手数料

販売のためにかかる費用です。コスメ商品を店舗で取り扱ってもらうための営業費用や広告にかかる費用も販売コストと考えます。

3. 初期投資費用

① 研究開発費
② デザイン費用
③ コスメ商品の安全性テスト費用

初回のみかかる費用です。利益は商品の売上から製造原価と販売コストを引いた金額となります。その利益で初期投資費用をどのくらいの期間で回収できるかを考えます。

たとえば、販売価格1，000円のハンドクリームを地域のショップで販売するとしたら、このような構成になります。

原価30％＝300円
販売コスト15％＝150円
ショップの販売マージン35％＝350円
あなたの利益20％＝200円

顧客心理をくすぐる、4つの価格設定テクニック

1. 端数価格

価格をキリよく並べるのではなく、端数にすることでお買い得なイメージを植え付ける価格設定です。

10，000円、3，000円ではなく、9，800円、2，980円のように、実際の価

格差は大したことがありませんが、価格を見ている顧客の心理としては、なぜか価格差以上に安く感じてしまうのが、この端数価格の特徴です。

私が出演しているテレビショッピングの商品のほぼすべてがこの端数価格を採用しています。

2. 松竹梅の価格

あまり詳しくない商品を購入するときに、安くもなく、高くもない真ん中位の価格品を購入してしまう心理です。レストランでワインを選ぶ時、ほとんどの顧客はワインリストを見て中間の価格帯のワインを注文します。そして最も高価なワインや、最も安価なワインを選ぶ人は少数になります。

3. 抱き合わせ価格

ある商品と違う商品をセットで購入すると価格が安くなるように設定された価格のことです。ファーストフードのセット商品をイメージしてください。ハンバーガー、ドリンク、ポテトそれぞれで頼むと８４０円。セット価格だと６９０円になるような仕組みです。

私がコンサルをしている会社では購入されやすいが利益の薄い洗顔石鹸と、購入されにくいが利益の高い高保湿美容液を抱き合わせ価格にすることで高い利益を確保しています。

4. 名声価格

その商品が高いからこそ売れる、という価格のことをいいます。コスメ商品ならばデパコスや海外のブランドコスメが代表例として挙げられます。「価格が高いものだから、良いものに決まっている」という心理です。ただし、より高い価格設定にするためには、品質の良さやプレミアムな価値といった他の商品とは一線を画す商品としてブランディングや広告を行う必要があります。

販売価格を決めるときに重要なのは、顧客目線で考えることです。あなたが「この商品はこの価格なら売れる」と思っても、お客様がそう感じなければ、ヒット商品にはなりません。

客観的に市場調査を行い、利益が確保できる適正価格を探っていくことが重要です。

コンセプトが伝わる商品名にする

コスメ商品の一等地に記載される商品名が、意味のわからない名前だったり、ブランドや商品イメージとかけ離れた名前では、ターゲット顧客に価値は伝わりません。

既存のコスメ商品のネーミングにはどのような意味が込められているでしょうか。

「ルルルン（LULULUN）」……大容量フェイスマスクのブランドコンセプトは「ごきげんをつくる」。肌をいたわることで、「ルルルン♪」と楽しい気分になってほしいという願いがブランド名に込められている。

「リンクルショット（POLA）」……「リンクル」はシワ、「ショット」にはシワに狙いを定め、その根本要因に迫るという意味が込められている。

また、コスメ商品の名前には効果効能をうたってはいけない、「万能」「魔法の」といった過大表現をしてはいけない、などの規制もあります。

さらに、使いたい名前がすでに商標登録されていて使えなかった……なんてこともよく聞く話です。商品名は他社が使っていない新しい名前をつける必要があります。

新しい名前のアイデアを生むための方法

1.　コンセプトをもとに100個くらい候補を挙げてみる

複数人で行うのがおすすめです。相手のアイデアを批判せずに、とにかく数を出していくことを目的とします。

2.　一晩寝かせて、候補を絞る

顧客ペルソナの人物になった気持ちで、違和感がある名前を削除していきます。2割程度まで候補を絞ってみましょう。

3.　造語を作る

異なる2つの言葉を組み合わせて短縮した造語を作ります。たとえば私のコスメ工場で製造販売している、ご当地の食材（ご馳走）を原料に使用した洗顔石鹸「ゴチソープGOCHI SOAP」など、うまい具合に両方の言葉がつながることで、今までになかった新しい響きと意味が生まれます。

裏技としては、文章生成AI（chatGPT、Google Bardなど）にコスメ商品のコンセプトを理解させ、「○○○（商品名候補）造語を作ってほしい」と依頼すれば、いくつものパターンを考えてくれます。その中に理想の商品名にかなり近い名前が落ちているはずです。

4. 名前を声で出して呼んでみよう

ネーミングは音の響きも大切です。不思議なことに「サ行」「ラ行」の言葉を取り入れると爽やかなイメージや清潔感のあるイメージを与えやすくなります。濁音を使うなら、女性向け商品より男性向けの商品名につけた方が売れ行きが良いというデータもあるそうです。男性と女性では心地良く感じる音が異なるのかもしれません。

5. 同じ名前の商品がないか確認する

あなたが考えた商品名がすでに商標登録されている場合は、商標権に抵触するため、登録者以外がその名前を使用することはできません。トラブルを未然に防ぐためにも、事前の確認が必要不可欠です。

商標の確認については、ネットで「特許情報プラットフォーム（Ｊ－ＰｌａｔＰａｔ）を検索して、項目の「商標」にチェックを入れ、検索ウィンドウに商品名を入れて該当するものがないか検索してみましょう。

商標は取ったほうがいいの？

結論から申しますと取ったほうが良いでしょう。メリットは何といっても「権利者以外は、同じ商標はもちろん、類似商標も使用できない」ということ。効力は日本全国であり、違反者には使用の差し止めや、損害賠償を請求することができます。逆に考えると、登録しておかないと他人が同じ名前を商品に使用したり、最悪の場合、他人が登録してしまってあなたが販売していたコスメ商品の名前が使えなくなってしまうことも考えられます。

小さな会社だからこそ思わぬトラブルに巻き込まれるリスクを最小限にしたいですよね。そして、商標登録は思っている以上に簡単です。提出するのはA４の用紙たった１枚。参考までに私が提出した「商標登録願」をご覧ください**（図表３－３）**。「たったこれだけ？」と思うでしょう。さらに特許庁に問い合わせをすれば、担当者が書き方や今後の流れまで説明をしてくれます。

コスメ商品として申請するならば、コストも登録料のみです。弁理士にお願いすると登録料に加えて手数料が取られますので、よっぽど忙しくない場合、自分で申請するのが良いでしょう。

図表 3-3 商標登録の例

特許
印紙

（12,000円）

【書類名】　商標登録願
【整理番号】2021080200
【提出日】　令和　3年　8月　2日
【あて先】　特許庁長官　　殿
【商標登録を受けようとする商標】

ririQ

【指定商品又は指定役務並びに商品及び役務の区分】
　【第３類】
　【指定商品（指定役務）】せっけん類，化粧品

【商標登録出願人】
　【識別番号】513132601
　【氏名又は名称】株式会社MARVELOUS
　【代表者】　　志水 洸一
　【電話番号】0166-74-6010

【その他】本願商標は「リリック」と読みます。

売れるコスメ商品のデザイン

コンセプト、価格、ネーミングが決まったら、ここでようやくデザイナーに相談を始めます。良いデザイナーの見分け方は後述しますが、まずはコスメ商品のデザインの重要性について考えていきましょう。

デザインレベルの高いコスメ商品

コスメ商品は、大手から中小企業まで多くの競合他社の商品があります。どんな商品でもまずは見た目から入るとは思うのですが、特にコスメ商品は第一印象で顧客の心を掴むことが大切です。単におしゃれなだけでコンセプトが伝わらないデザインとなることは避けていきましょう。

良いデザインとは、課題を解決するために役に立つこと

コスメとは別の例になりますが、私が特に好きなデザインに「Qドラム」という水運搬容器があります。途上国における水不足はこれまで大人が大きな容器に水を汲んで抱えて

運んでいました。そこでデザインされたのが円形のドーナツ型プラスチック容器です。真ん中にロープを通して引きずることで転がして運ぶことができます。デザインが水を運ぶ過酷な作業を楽しい活動へと変えました。力がない子供や女性でも楽しくラクに水を運ぶことができるようになり、時間も短縮できるため、他の仕事に時間を割くことができ、体への負荷も軽減されました。

つまり、デザインとは役に立つことです。コスメ商品においても、おしゃれなだけで役に立たないデザインなら不要です。私は顧客の心をつかんで売上に繋げるものが良いデザインだと考えます。あなたのコスメ商品も必ずデザインを依頼することになるでしょうが、なぜそのデザインが必要なのか考えてみてください。

私が経営する美容室ではたくさんのお客様から支持を得ているのに、ヘアケア商品の販売が振るわないスタッフがおり、「このヘアケア商品は、私も大好きでお客様の髪にもぴったりと合っているんだけど、買ってみませんか？ の最後の一押しが言えないんですよね。押し売りだと思われたら、もうお店に来てくれなくなるんじゃないかと思って……」と悩みを抱えておりました。

デザインパターンを５種類にしたヘアオイル

そこで私は美容室で販売しているヘアオイルの絵柄を5種類に増やしました。中身は一緒です。しかしデザインを増やしたことで、「今日のヘアスタイルにはこのオイルがぴったりなんです。この中で好きな絵柄があれば選んでみてください」と、「買ってください」→「選んでください」に変えることでスタッフもお客様に商品をすすめやすくなりましたし、お客様も「買う（YES）、買わない（NO）」という選択肢から、「どれかを選ぶ」という選択肢に変わりました。これならば押し売りをされている感じもありません。デザインひとつで販売をするスタッフも楽になり、ヘアケア商品の売上も増えました。このようにデザインがおしゃれなのは、もはや当たり前で、役に立つデザインがコスメ商品には求められているのです。

要注意！　デザイナーにすべてを任せるのは危険

顧客に価値が伝わるデザインを作れるかどうかは、デザイナーの力量ではありません、まずはあなたの発注力にあります。

あなたの商品のコンセプト、価格、ネーミングを言語化したものを渡しましょう。これを先に渡しておかないとデザイナーにいいようにやられてしまいます。

たとえば、「ご当地の○○を使用したオールインワン化粧水を作りたいんだけど、細かい部分はお任せしたい！」なんて曖昧な注文をしてしまうのは絶対にやめましょう。パッケージデザインのほかにブランディングディレクション、コンセプト設計、コピーライティングなどと見積もりによくわからない費用が積み上がり、勝手にあなたのビジネスの行く末を左右するコンセプト設計までされてしまいます。さらにその費用は高額でまったく不要なコストです。しかもその製品コンセプトが運良くあなたが望む未来に合致すれば良いでしょうが、ほとんどの場合は他人が考えたことですから、あなたが望むようにはなりません。しかもその責任はデザイナーが取るのではなく、あなた自身が取るのです。だからこそ先にコンセプトをしっかり固めることが重要なのです。

そして、ポイントはすべて任せるのではなく「パッケージデザインとロゴのみ作ってほしい。販促物は後から相談させてもらう」などと部分的な発注をするとデザイナーは「さらに仕事がもらえるかもしれない」と頑張ってくれることが多いでしょう。

良いデザイナーの見分け方

過去に、地方の商工会で講演に行ったときのことです。その後の食事会で年配の経営者の方が「以前オリジナル商品のデザインを発注したんだけど、騙されたよ。デザイナーは作品を作りたがって商品を作らないんだ。俺の会社のことなんて考えていなかったんだよなぁ」とぼやいていらっしゃいました。本当によく聞く話です。私もさまざまなデザイナーと関わることが多いので共感します。

世の中には沢山のデザイナーがいますが、まずは絶対に避けたい危険なデザイナーについて、私の持論をお伝えします。

①　コスメ商品を手がけたことがない

コスメは薬機法の表示ルールがありますので理解している方が良いでしょう。薬機法の表示ルールについては後ほど詳しく解説していきます。

② 有名だがデザイン実績にヒット商品がない

行政の仕事やメディアに掲載されて実力があるように見えるが、中小企業や小さなブランドのヒット商品がないということは、デザインを売上に繋げる力を持っていません。

③ デザインの業界団体の活動に力を入れており、何らかの賞を受賞している

これは結構な確率でアート作品を作ってくるデザイナーです。あなたの目的はコスメ商品を多くの人に買ってもらって幸せになってもらうことです。デザイン業界でおしゃれなコスメと認められたり、デザインの賞を受賞したりするのは良いことですが、そのデザイナーに箔がつくだけです。もしデザイン発注をする際には、このコスメ商品をデザイン業界の媒体に掲載することは難しいと、あらかじめ伝えておきましょう。

では、良いデザイナーとは？　といいますと、これらの特徴に合致しないだけで十分に勝負ができると思いますが、さらに贅沢を言うならば、次の条件をクリアしてくれるデザイナーです。

① あなたが考えたコンセプトを理解してくれて、イメージ以上に仕上げてくれる

商品コンセプトをしっかりとヒアリングしてくれるため、お互いのゴールが明確になります。顧客に価値を届けるために役立つデザインを考えてくれるでしょう。

② 納期を提示してくれて、それを守る

あなたとデザイナーは、コスメ商品を作るために半年程度は密なやりとりをすることになります。デザイン納期や期日などの小さな約束をしっかり守るデザイナーには安心して仕事を依頼することができます。

③ 複数の案を提案してくれる

優れたデザイナーはいくつものアイデアを持っています。ある程度考えがまとまったら複数の案を出してくれて、どれがあなたのビジネスにとって役立つか選択をさせてくれます。このような提案型のデザイナーは、仕事に工夫が感じられるため、何度でもリピート発注をしたくなります。

そんな優れたデザイナーはどこにいるのか？

答えは、ＳＮＳにいます。あなたが共感した商品の「製品名、デザイン」でＳＮＳ検索してみてください。近頃は仕事でＳＮＳを使うデザイナーも多いので、商品デザインをした本人のアカウントが見つかることがあります。また、ランサーズやココナラといった仕事を依頼できるプラットフォーム内にも優れた人が多くいます。デザイン費用も安価です。

ルールを守らないと販売できない！薬機法に違反しないコスメ商品の表示

パッケージデザインを制作する際に注意してほしいポイントは、薬機法のルールに沿っているかどうかです。もしもルール違反があった場合は、パッケージを破棄してルールに沿ったものを新しく作るか、上から訂正シールを貼ることとなります。

私もコスメビジネスを始めたばかりの頃、薬機法のルールから外れた表記をしてしまい、2,000枚のパッケージに1枚ずつ訂正シールを貼って2日間費やした苦い思い出があります。

パッケージに記載するべき必須項目をわかりやすくご紹介しましょう（図表3-4）。結構なボリュームの記載事項があります。

図表3-4 コスメ商品のパッケージ・容器に記載必須となる項目

種類別名称	洗顔料や化粧水など各化粧品のカテゴリーを示す名称です。種類別名称は＜＞で囲う、太文字にするなど裏面表示の中でも目立たせなければなりません。 文字のサイズは7ポイント以上が必要です。
販売名	化粧品として販売するために届出が必要な商品の販売名です。製品の愛称とは異なることがあります。ローマ字のみでの販売名は不可。 文字のサイズは7ポイント以上が必要です。
内容量	箱や容器の重さを除いた中身のみの重量（g）、容量（mL）で記載します。表記した内容量と実際の中身の量は誤差-3%以内でなければなりません。
全成分	1、配合量の多い順番に記載する。 2、配合量が1%以下のものは順不同の記載でよい。 3、着色剤は配合量にかかわらず末尾にまとめて記載する。 という3つの基本ルールがあります。
製造ロット	数字やアルファベットの羅列で表示するのが一般的です。
使用上又は保管上の注意	使用者に対して、皮膚障害などに関する注意喚起をするための表示です。品質保持のための保管方法や、ご試用・誤飲などを防ぐための使用・取り扱い上で留意すべき点を表示します。
リサイクル表示	必要：紙製容器包装・プラスチック製容器包装 不要：ガラスや金属容器包装・ダンボール製容器包装
問い合わせ先	お客様窓口など消費者からの問い合わせに対し、迅速に対応できる連絡先を記載しましょう。
製造販売元	製造販売元（OEMメーカー）の名称、住所 発売元（販売を手掛けるメーカー）の名称、住所、問い合わせ先
発売元	法律上で必須の表示ではありませんが、自社の名前を唯一前面に出すことで自社のオリジナル製品であることを明確にします。
原産国名	原産国名にはバルクを製造した国が記載されます。製造を日本で行った場合は「MADE IN JAPAN」「日本製」など、国名を一般消費者が理解できるよう記載する必要があります。文字のサイズは7ポイント以上が必要です。

これらはコスメ商品のＯＥＭ工場が詳しく知っていますので、デザインの案ができた時点で必ず見てもらうようにしましょう。
コスメ商品における薬機法のルールは、この記載事項を書けば良いと言うことではありません。書いてはいけないこともあるのです。ここから先は、知らないと損をする薬機法について理解していきましょう。

薬機法違反をしたらどうなる？

コスメ商品のパッケージにはコンセプトをもとにした文章を書きたくなってしまいますよね。たとえば、「あの頃の肌を取り戻す、日本一の蜂蜜を配合した化粧水」、「敏感肌の方でも安心してご使用いただけます」、「美容師が推薦する最先端の美容成分を配合」……残念ながら、これらはすべてＮＧです。容器やパッケージに記載しようものなら、薬機法違反で大きな損害を出すこととなるでしょう。

薬機法違反が発覚すると、対象の商品の回収、広報での告知をしなければなりません。もし消費者に健康被害が生じてしまった場合は、補償金の支払いへなども必要となります。悪質な場合は、罰金刑や懲役刑が課される可能性もあります。

あなたのビジネスを加速するために始めたコスメ商品が、既存ビジネスの首を絞めてしまう大きな原因となってしまいますので、薬機法のルールは必ず守っていきましょう。

それでは、法律の許す範囲で表現できることとはどんなことなのでしょうか？　コスメ商品（化粧品）の定義を簡単にまとめます。

1. 人の身体を健やかに保つためのもの
2. 身体に塗布、散布などの方法で使用するもの
3. 人体に対する作用が緩和なもの

3の「人体に対する作用が緩和な」表現は使用することが許されています。**図表3-5**の「56種類の効果効能」を参考にしてください。

56種類と聞くと多く感じるかもしれませんが、実は非常に限られています。もはや効果効能として漠然としすぎていて訴求力に書けるように思えますが、薬機法上の表示規制はこれほどまでに厳しいのです。

図表 3-5 56 種類の効果効能の表現

頭皮、毛髪を清浄にする。	肌を柔らげる。
香りにより毛髪、頭皮の不快臭を抑える。	肌にはりを与える。
頭皮、毛髪をすこやかに保つ。	肌にツヤを与える。
毛髪にはり、こしを与える。	肌を滑らかにする。
頭皮、毛髪にうるおいを与える。	ひげを剃りやすくする。
頭皮、毛髪のうるおいを保つ。	ひがそり後の肌を整える。
毛髪をしなやかにする。	あせもを防ぐ（打粉）。
クシどおりをよくする。	日焼けを防ぐ。
毛髪のつやを保つ。	日やけによるシミ、ソバカスを防ぐ。
毛髪につやを与える。	乾燥による小ジワを目立たなくする。
フケ、カユミがとれる。	芳香を与える。
フケ、カユミを抑える。	爪を保護する。
毛髪の水分、油分を補い保つ。	爪をすこやかに保つ。
裂毛、切毛、枝毛を防ぐ。	爪にうるおいを与える。
髪型を整え、保持する。	口唇の荒れを防ぐ。
毛髪の帯電を防止する。	口唇のキメを整える。
（汚れをおとすことにより）皮膚を清浄にする。	口唇にうるおいを与える。
（洗浄により）ニキビ、アセモを防ぐ（洗顔料）。	口唇をすこやかにする。
肌を整える。	口唇を保護する。口唇の乾燥を防ぐ。
肌のキメを整える。	口唇の乾燥によるカサツキを防ぐ。
皮膚をすこやかに保つ。	口唇を滑らかにする。
肌荒れを防ぐ。	ムシ歯を防ぐ（歯みがき類）。
肌をひきしめる。	歯を白くする（歯みがき類）。
皮膚にうるおいを与える。	歯垢を除去する（歯みがき類）。
皮膚の水分、油分を補い保つ。	口中を浄化する（歯みがき類）。
皮膚の柔軟性を保つ。	口臭を防ぐ（歯みがき類）。
皮膚を保護する。	歯のやにを取る（歯みがき類）。
皮膚の乾燥を防ぐ。	歯石の沈着を防ぐ（歯みがき類）。

コスメ商品の効果効能を書かないこと

「天然成分を利用しているので誰でも利用できて安心」「目尻のシワが消える」などの効果効能や安全性を示す表現はＮＧです。

医薬関係者の推薦表現は禁止

「美容皮膚科の〇〇先生推薦」といった医薬関係者、美容師、病院、薬局、など情報を受け取った人の認識に大きな影響を与える人物名や団体名もＮＧです。

ナンバーワンと言い切る表現は使えない

「最高の技術」「最先端の成分」「日本一の〇〇を使用した」などコスメ商品の優秀性について誤認させる恐れがあるためＮＧです。

「ほとんど言えることがないのではないか」と思っている方が多いと思いますが、その通りです。パッケージや容器には、極力余計な事は書かないようにしましょう。これから考えていく「Ｈｏｗ：どうやって顧客に届けていくのか」をいかに工夫するかで、顧客にコスメ商品の価値を十分に理解してもらえるようになります。世の中には薬機法の表示ルールから逸脱した違法な商品や広告も多くありますが、コスメ商品はあなたがこれまで積み重ねてきた既存のビジネス、これから叶えたい未来を得る、どちらも加速的になるツールです。より良い未来を望むのならば人に後ろ指さされない方法で、堂々と取り組んでまいりましょう。

第4章

コスメ商品の魅力を伝える

How：どうやって顧客に届けるのか？

「いちど使ってもらえたら良さがわかるのに」

こんなふうに言われたことがある人は、もしかしたら、モノやサービスを作ることが得意でも、「売る」ことに対しては苦手意識があったりするのではありませんか？

どんなに顧客にとって価値があるコスメ商品であったとしても、顧客が知る手段がなかったら、ブランドが存在しないのと一緒なのです。

プロモーションは認知度や評判を高め、増収、増益に繋がる

ヒットしているコスメ商品は薬機法のルール内で、あらゆる角度から顧客に価値を伝えています。価値を伝える方法といってもさまざまです。テレビ、ラジオ、新聞、雑誌の四大メディアやネットを活用した広告、自社Ｗｅｂサイト、ブログ、ＳＮＳからの情報発信、さらには店頭でのキャンペーン、ＰＯＰ、チラシ、ＤＭ、口コミなど、どういった方法を使い、どのように広めるかを決めるのがプロモーション、つまり伝え方の戦略です。

図表 4-1　プロモーションの種類と方法

種類	方法	具体例
広告宣伝	メディア・ネットを通じて多くの人に会社や商品を広めるための活動。短時間で認知してもらうことは可能だが、細かい内容までは伝えきれず、費用のかかる宣伝方法。	テレビ、新聞、雑誌、看板、POP、DM、インターネット
販売促進	具体的に商品の良さを実際に体験してもらう機会を提供する活動。購買へ直接つなげやすい方法だが、ターゲット顧客に向けた戦略が必要。	チラシ、試供品、メルマガ、カタログ
広報	なるべくコストをかけずにメディアに取り上げてもらうように働きかける活動。第三者が取り上げるため、信頼性はとても高くなる。	取材、プレスリリース
コンテンツ	SNS などで情報を発信する方法。この方法は他の方法と比べてコストは低いが、継続的に顧客が求める情報を提供する必要がある。	自社 Web サイト、ブログ、SNS

コスメ商品の売上を伸ばしたいのなら、複数の方法で価値を伝える

顧客に価値を伝えるためには、広告、販促、広報、コンテンツといったいくつもの方法があります。「顧客にどの方法で伝えたら良いんだろう?」と悩ましいと思いますが、私は最低2つ以上の方法を組み合わせる、メディアミックスという手法をおすすめします。複数のメディアの弱点を補い合って価値を伝える方法です。今の時代、消費者はテレビや新聞の広告はただの売り込みとしか思えなくなっています。たくさんの人々に知ってもらえるきっかけではありますが、商品を作っている企業自らが「この商品は素晴らしいですよ!」と言ってい

る状態なのです。当然良いことしか言わないでしょうし、あまり信頼性を感じることができません。しかし、第三者の評価や口コミは信頼性があり、参考にされることが多いです。

ここでの第三者とは、広報の取材記事やSNSの口コミなどが挙げられます。
・新聞やテレビの広告→たくさんの人に知ってもらえるが信頼性がない
・新聞の取材記事、SNS、口コミ→範囲は狭いが、信頼性がある
まずは顧客にコスメ商品があること知ってもらい、そこから信頼を勝ち取って購入につなげていく、これが小さな会社のプロモーション戦略となります。

口コミ：評判の伝達でファンがファンを生む

いつもと違う道を通った時に、良さそうな飲食店を見かけたらGoogleマップなどでメニューや価格、口コミや評価などを確認したことがありませんか？　認知した後すぐに情報収集できる時代です。そこで参考にするのは、「リアルな口コミ」です。実際に使用した第三者の評価は、企業が「この商品はいいですよ」とすすめるよりも信用されます。今やアットコスメなどの口コミサイトは、重要な情報源として顧客に認識されており、自分

と同じような年代の人がこのコスメを使ってどうだったのかを確認することができます。

顧客が思わず良い口コミを書いてしまうような仕掛け

「この洗顔フォームには驚きの成分が入っていると聞き購入しました。泡立ちも良く、肌触りがまるで違います。使ったことのない感触で驚きました！」

このような理想的な使用感の口コミは、さまざまな化粧品に触れているコスメオタクでない限り難しいでしょう。どんなに使い心地の良いコスメ商品でも、一般顧客にとって、使った感想を口コミにすることは難しいです。なぜなら使用感の口コミは「使い心地が良かった、悪かった」しか表現の方法がないからです。

そこで口コミを書きやすくする仕掛け、つまり使用感ではなく、次の3つを表現してもらいやすくしましょう。

・どんな生活の変化があったか
・驚きがあるか
・コスパが良いか

そうすると、口コミの元となる商品の魅力を伝える文章と口コミ文のサンプルを用意しておくことが必要です。顧客は口コミを考える手間を省くことができ、サンプルの文章をもとに気軽に口コミを投稿しやすくなります。

口コミの元となる文章

若く見られる秘訣は、髪の毛のハリコシ・ツヤにあります。当社のシャンプーは3種類のアミノ酸洗浄成分で頭皮を洗浄することで、ふんわりとした自然なボリュームを根元から与えます。ハリコシ・ツヤを与えるトリートメントもご一緒に。

口コミのサンプル文

しっかり根元から洗えて汚れが落ちているからか、このシャンプーを使ってから髪の立ち上がりが良いです。会う人から「最近あなた綺麗ね」と言われるようになりました。おかげで歳よりも若く見られます。(60代) ※個人の感想です。

消費者の心理として、商品の感想を述べるときに間違ったことは言いたくないと考えるものです。正しい口コミの例を出すことで、「自分が書く内容に間違いはない」と自信を持たせることもテクニックの1つです。

コスメ商品を使ってもらうだけでは、口コミを得て話題になることは、ほぼありません。良い口コミをもらうためには、仕掛けが必要なのです。

口コミ投稿のハードルを下げる

「この商品、良いなぁ」と思って口コミを書こうとしたら、なんと口コミ0件。これはとっても書きにくい状況です。最初はあなたのビジネスの顧客、身内、従業員、どんな方法を使っても良いので口コミを10件以上までは増やしましょう。すでに誰かが書いていることで、口コミ投稿のハードルはぐっと下がります。

新しい顧客は、口コミをもとに商品を買うか買わないか判断することも多いです。たくさん口コミが投稿されていることで「この商品は多くの人が購入しているんだ」と顧客は安心します。口コミは多ければ多いほど良いでしょう。

もっと口コミが欲しかったら、まずは顧客に好きになってもらうことです。この後にお伝えするSNSの活用法でもご紹介しますが、関わっていて楽しい人や好感が持てる人のことはついつい応援したくなってしまいますよね。

もし、あなたがお気に入りの商品を作っている会社から、商品と一緒にこんな文章が入っていたらどうでしょうか？

> いつも私たちの商品を使ってくださり誠にありがとうございます。「髪のボリュームが減ってしまった」「最近老けた印象になった」という悩みを抱えたお客様から、私たちの商品を使うことで、次々と喜びの声をいただいています。私たちはお客様の喜びの声を聞けることが何より嬉しいのです！あなたの嬉しい声も届けてくださいませ！
> 今後もより良い商品をお届けしていきます。
> 嬉しい声はこちらに投稿願います。↓【口コミサイトのQRコード】
> （あなたの顔が見える写真もあれば、さらに◎）

このように、口コミを書いてくれたら嬉しいと明確に伝え、サイトへの動線を作ってあげる方法を試してみてはいかがでしょうか。

SNS、ブログ：情報発信でターゲットに認知される

テレビや新聞など大衆的なメディアよりも、スマホを見ている時間の方が長いという方は多いのではないでしょうか？　その中でも特に利用頻度が高いアプリケーションがSNSです。代表的なものとして、Instagram、LINE、X（Twitter）、TikTokなどが挙げられます。

SNSが普及してから十数年が経ち、生活の中に当たり前に存在するものとなりました。もはや人々の中でリアルとウェブの差はほとんどなくなってきたように思います。つまりSNSで検索したときに出てこないことは、リアルで存在しないのと一緒なのです。

コスメビジネスにおけるSNSの正しい使い方としては、顧客とのコミュニケーションを通し、ファンを増やすために利用します。

たとえばスキンケアブランドのInstagramの投稿に、次のようなコメントをしたとします。

【顧客からのコメント】

〝肌が潤ってプルプルです！〟

【ブランド担当者からの返答】

〝〇〇さん、保湿の効果を感じていただけて嬉しいです！　引き続きお楽しみください。〟

このように返事が返ってきたら、つい嬉しくなって、お気に入りだったブランドをさらに好きになってしまいますよね。

これまでの時代は、テレビや新聞などの媒体から多数に向けての情報発信が主でしたが、今のＳＮＳは企業から個人に向けて情報発信することができます。またＳＮＳ上なら小さな会社であろうと大企業に劣らぬ情報発信をすることができます。

繰り返しお伝えしますが、コスメブランドがＳＮＳを利用する目的は「ブランドを好きになってもらい、ファンになってもらう」ことです。

ＳＮＳ交流でファンを作る３つのメリット

1.　口コミの発生源となる

どんなに優れた広告も、同じ悩みを持っている友人の言葉にはかないません。先ほどご説明した通り、リアルな口コミは顧客がコスメ商品の購入を決める重大な要素です。これをどのように発生させるかがコスメ販売の成否を分けるポイントとなります。ＳＮＳでは多くのユーザーが口コミを投稿していて、実際に使用した人のリアルな口コミの評判が良ければ、購入したい新規顧客も増えていきます。

自社で運用するアカウントで口コミを紹介したり拡散したりすることで、それを見て購入した人がさらに口コミを投稿するといった、良い連鎖を生むこともできます。

2. 認知度の向上につながる

情報を発信するだけではなく、今の時代はSNSでブランドを検索する人も増えています。「このブランドの広告を見て気になったんだけど、Instagramで検索してもアカウントが見つからない」、これでは存在しないのと一緒です。顧客が検索したときに見える情報は本書の前半で考えた商品コンセプトやブランドの世界観を写真や動画を使って表現していきましょう。写真や動画のクオリティは高くなくても大丈夫です。顧客に価値が伝わるかどうか、それだけに集中してブランドのアカウントを作ってみてください。

3. 商品の価値を思い出してもらえる

コスメ商品がリピートされない一番の理由は何だと思いますか？ 品質が他社製品に比べて劣っているから、流行の成分が入っていないから……いいえ、どちらも違います。「このコスメ商品にどんな価値があるのかを忘れた」ことがリピートされない理由なのです。

毎日スマホを触りSNSを開けば、「美容家が開発、○○エキス配合のオールインワン美容液」などの広告が次々と出てきます。この情報過多の時代では、古い情報は次々と忘れられていってしまいます。だからこそ、定期的にSNSで発信したり、コメントの返信などコミュニケーションをとりながら、あなたのコスメ商品の価値を思い出してもらうことが顧客離れを防ぐことにつながります。

SNSは無料で使える代わりに、時間と手間がかかります。私のもとには、コスメビジネスを始めたお客様から「SNSの投稿に疲れてしまった……」といった悩みが寄せられることもあります。私自身もSNSの投稿に疲れたと思う日がありましたし、簡単なことであっても続けることの難しさはあります。しかしコスメビジネスにおいてSNSを利用しないのは、機会損失とデメリットしかありません。つまりSNSとうまく付き合っていくしかないのです。

ＳＮＳに疲れてしまう人は、もしかしたらフォロワー数やどれだけの人が見ているのかの数字を見て一喜一憂してしまうような、真面目な人なのではないでしょうか？　フォロワー数などを他のアカウントと比べたりすれば疲れるのは当然です。本来の目的を思い出してください。「ファンと交流すること」です。コスメ商品のおすすめの使い方や口コミの紹介、既存のビジネスで起こった出来事、日々のニュースなども織り交ぜ、肩の力を抜いて利用していきましょう。

ニュースリリースを活用してメディア露出を増やそう

広告波の広い範囲で認知が得られ、信頼性もあるプロモーション方法である広報についてご紹介していきましょう。

簡単に言えば、テレビや新聞などたくさんの人の目に入るメディアに取材されることです。

メディアに取材してもらうために、まずはニュースリリース（またはプレスリリース）

というお知らせを出します。あとは興味を持った記者から取材を受けるだけです。とても簡単でコストもかからない方法ですので、小さな会社こそ利用することをおすすめします。

テレビや新聞だけではなく、雑誌、ウェブメディアに取り上げられることで、消費者や取引先に情報が拡散され、多くの人にあなたのコスメ商品を認知してもらえます。もちろんメディア側の判断によるので確実に記事になるわけではなく、記事の内容をコントロールすることはできませんが、多くの人にあなたのコスメ商品を知ってもらおうと思えばかなりの広告費がかかるはずです。よって費用対効果は抜群です。

私が関わらせてもらっている会社に、北海道の酒蔵があります。ここでは、酒粕を使ったコスメ商品を新発売するニュースリリースを配信して、新聞や雑誌の記者を集めて新商品発表会をしました。記者からは「なぜ酒粕をコスメに活用しようと思ったのか?」「誰に向けての商品なのか?」などさまざまな質問が飛び交いますが、ほとんどはコンセプトの内容を話せば適切な返答ができます。そして新聞や雑誌で記事になり、それを見たホテルや観光施設から「コスメ商品を取り扱いたい」と会社の電話に次々と問い合わせが来たそうです。また、コスメ商品の取り扱いをきっかけに、もともと生産している日本酒の引き合いも増えました。コスメ商品が既存ビジネス自体の広報となった理想的な例です。ま

酒蔵での新商品発表会の様子

さに一石二鳥。それがニュースリリースの魅力です。

ニュースリリースの書き方

ニュースリリースを書く際には、何に気をつけたら良いのでしょうか？私自身が毎月のようにニュースリリースを配信している時期がありましたので、その際に効果が高かった方法をお伝えしていきます。

確実な情報をA4の紙1〜2枚にまとめる

そのまま記事にしても問題ないくらい、誰が見てもわかりやすい内容にしましょう。どんなにボリュームが増えても、A4・2枚までです。大前提として、プレスリリースは情報の正確さが求められます。誤字脱字はもちろん、記載した事実に間違いのないようにしましょう。

メディアが注目するポイントをつかむ

新聞などのメディアは老若男女、さまざまなライフスタイルの人の目に触れることとなります。コンセプトワークで行ったペルソナのことは一旦忘れて、誰の目にもとまるような内容が望ましいでしょう。たとえば「地球環境に優しい」「伝統を守りつつ新しいチャレンジをする」「地域の素材で魅力を発信」など、ぼんやりしていてもかまいません。広告のような誇張表現や、自社の商品・サービスを褒めるような表現はメディアから敬遠されてしまいます。

相性が良さそうなメディアへ配信する

闇雲にニュースリリースを送るのではなく、配信内容と送り先のメディアが求めている情報が合致することに気をつけましょう。コスメ商品ならば、経済部や文化部の記者、専門雑誌の編集部と相性が良いです。

配信する時間帯は、11時か14時に！

記者が情報収集をする時間帯を狙いましょう。ニュースリリースを配信してすぐに記事になるわけではありませんので、記事にして欲しい時期を見越して配信しておかなくてはなりません。テレビ、雑誌なら2か月前、新聞やウェブメディアなら1週間前がめやすです。

とてもシンプルなプレスリリースの配信方法

メール、FAX、郵送、いずれかの方法で送ります。または@PressやPR TIMESといった、プレスリリースの一括配信サービスを活用する方法もあります。

あくまで目的はニュースリリースを書いて配信することではなく、記事ネタを欲している記者に情報を届けることです。私が配信している地域の記者クラブの記者の話によると、メールや配信サービスといったデジタル上の情報は、多忙な時期だと見逃しやすく、郵送でニュースリリースが記載された現物の紙の方が目を通すらしいです。私の個人的な意見としては、郵送がおすすめです。

図表 4-2 ニュースリリース実例

GOCHI SOAP　-NEWS RELEASE-　2021年1月26日 株式会社 MARVELOUS

①タイトル

最高級ブランドホテル【Ritz-Carlton Reserve】

北海道のごちそうを使った石鹸 GOCHI SOAP をアメニティとして導入。

北海道の素材にこだわり、ワンランク上のバスタイムを提供。

②画像

③リード

地元の素材をふんだんに使った無添加、低刺激の石鹸「GOCHI SOAP（株式会社 MARVELOUS 北海道旭川市）」が世界最大のホテルチェーン、米マリオット・インターナショナル（本社：米国メリーランド州、社長兼最高経営責任者：アーニ・ソレンソン）の日本初進出となる「Ritz-Carlton」の最上級ブランド「Ritz-Carlton Reserve」（リッツ・カールトン　リザーブ）のアメニティとして採用されました。温泉や客室内のバスルームでは北海道旭川市の地酒「男山の復古酒の甘酒」を使用した GOCHI SOAP を提供。北海道ならではのバスタイムを体験することができます。

▶「肌に良い」「地域に良い」を叶える手作り石鹸 GOCHI SOAP
▶男山株式会社（北海道旭川市）などの地場の企業とパートナーシップ。さらに高品質の使い心地に
▶日本初となる「Ritz-Carlton」の最高級ブランドの客室アメニティとして導入。

④スペック

〔GOCHI SOAP　男山の甘酒ソープ〕

旭川の地酒「男山」の、希少な復古酒の酒粕を贅沢に使用した甘酒石けん。甘酒に含まれる美容成分により、透明感がありハリのある肌へ。もっちりとした泡で甘酒の甘い香りがほんのりたちます。

香り…甘酒
しっとり感　★★★
透明感　★★★★★
価格…1,320　税込

⑤補足

【リッツ・カールトン　リザーブニセコ】

マリオットインターナショナルのブランドの 1 つであるリッツカールトンホテルカンパニー L.L.C. は現在 30 の国と地域において 100 軒以上のホテルを運営しています。最新情報に関しては、Ritz-Carlton の公式ウェブサイト（ www.ritzcarlton.com ）をご参照ください。2020 年 12 月 15 日に開業した日本初進出で「Ritz-Carlton」の最上級ブランド「Ritz-Carlton Reserve」の東山ニセコビレッジは 50 室の客室を要しパウダースノーの聖地である北海道ニセコならではのユニークな食、文化、および伝統をオーセンティックかつ豊かな体験の数々を通して 1 年中体験することができるリゾートです。スパ、温泉、フィットネスセンターなども備えられています。

⑥連絡先

お問合せ　株式会社 MARVELOUS　〒070-0832 北海道旭川市旭町2条9丁目25-4
電話 0166-74-6010　担当：志水 洸一（直通携帯 090-6995-6504）
Eメール　k.shimizu@marvelous-beauty.com

①タイトル	タイトルだけで、ニュースリリースの内容と結論がわかるように書きます。
②画像	商品をイメージしやすくなるため、最低でも 1 つは入れておきましょう。
③リード	記者は時間がないので、商品のコンセプトをわかりやすく、素早く読めるような文章を心がけます。
④スペック	コスメ商品のスペック価格や客観的なデータを入れると良いでしょう。
⑤補足	リードで書ききれなかったことを書きましょう。コスメ商品を作った背景や今後の展望などを入れても良いでしょう。
⑥連絡先	記者が問い合わせに必要な情報。会社名、担当者名、電話番号、メールアドレスなど。

ここで私が配信したニュースリリースの例を見ていただきたいと思います（図表4－2）。

ニュースリリースは、単なるお知らせではなく、記者があなたのコスメ商品を記事にするための素材です。ですので記事にしやすいようにまとめたものである必要があります。「ニュースリリースを書くのが大変そう……」と思ってしまう方も大丈夫です。ネット上では、ニュースリリースのテンプレートを簡単に入手することができますし、文章生成AIに「ニュースリリースを書きたい」と相談して、必要な情報を教えるだけで条件を満たした文面案が簡単にできます。あなたのコスメ商品がメディアの力を借りて多くの人々に知ってもらえるチャンスです。リスクもないのでぜひチャレンジしてみましょう。

文字通り、広く知らせて認知度を上げる〝広告〟

コスメビジネスを軌道に乗せるためには、まずターゲットとなる顧客に商品を知ってもらうことです。コンセプトワークで作成した顧客ペルソナを思い返し、その人物が、どこであなたの商品を知るのが良いのか考えてみましょう。広告はテレビや新聞、ウェブ、バスや電車、日常のあらゆるところに掲載されています。なぜ世の中は広告に溢れているのか？　それは「効果があるから」です。ここから先は小さな会社でもできる、コスパの良い広告の出し方についてお伝えしていきます。

テストをしない広告はギャンブルそのもの

次ページの**図表4-3**をご覧ください。AとBの新聞広告を出した場合、どちらの注文数が多いと思いますか？

結果、Aの注文数は169件、Bの注文数は302件でした。この結果を見て、広告Bの方が優れているということがわかりました。2つの広告パターンを比べなければ得られなかった知見です。広告の正解はすべて顧客の反応だけなのです。

もしも、Bの広告を試さずにAの広告を出続けてしまっていたら……どれほどもったいないことをしていたでしょうか。10回広告を出したとしたら、単純に計算すれば1,330件の注文を逃してしまうことになります。広告は、思っているような成果があげられるまで「もっと顧客に伝わる方法がないか」と試行錯誤をしていくことがポイントです。

図表 4-3　テスト広告

広告 A

広告 B

① AとB、2種類の広告を用意する
② 媒体や条件をできるだけ同じにして、結果を見る
③ 何がよくて、何が悪かったのかを判断するため、変更箇所は1つだけにする

この方法を繰り返していくことで、理想的な広告にたどり着くことができます。これに関しては、専門家でもはっきりと自信を持って回答できることではないでしょうから、自ら試し、正解を見つけていくしかありません。まずは小規模で良いのでスタートしてみましょう。

広告にお金をかけたのに、成果が上がらないときの対処法

私は過去に、某百貨店がウェブ上で企画しているご当地コスメの企画広告に出稿しました。10万円のコストをかけて、打ち出した広告の注文数は……なんとたったの4件。もともと100件の注文を見込んでいたのに、この結果は最悪でした。

このように、注文数が10倍になっても目標に届かないようなケースは「広告を出す媒体を間違えている」ことがほとんどです。同じような企画を新聞広告で行ったところ、250件以上の注文が入りました。広告の結果が最悪だった時は、媒体そのものを変えま

しょう。

また、100件の注文を見込んでいたが70件ほどの注文だったといった、思ったほどの成果が出なかった場合、媒体は変更せずに、ABテストを続けましょう。記載内容か価格を調整すると、また違う結果が得られます。

広告はテストを繰り返せば、売上ががらりと変わる、稼ぐ力を持ったプロモーション戦略です。広告テストの結果だけが真実です。感情は抜きにして、淡々と取り組んでいきましょう。

コスメ広告業界の闇。違反広告に注意しよう

さて、広告を出稿したいと思ったならば知っておきたい、少し怖い話をします。

コスメ商品の広告にも、当然ながら法律のルールが絡んできます。コスメ商品を販売する企業だけではなく、ライターやアフィリエイターも対象となります。おさらいになりますが、コスメは薬機法のルールにより、効果効能を表現するような、消費者に誤った認識させる恐れがある広告表現はNGです。

〈NGな表現の例〉

・まだ○○を使っている会社は時代遅れです。
・顔のシミでなやむあなたへ。塗るだけで若返りを実現する優れものです。
・○○の皮から抽出される成分は、肌の老化を防ぐ抗酸化作用があります
・医師が認めた最先端の美容液！

明確な違反表現がなくても、効果効能がありそうと暗示があるだけで違反となる場合もあります。たとえば「薄毛が気になるあなたへ」などの悩みを訴求するような表現は非常にグレーゾーンです。「これはもしかしたら毛根が蘇るかも？」と、身体に影響を及ぼす表示だとみなされるおそれがあります。

「それならコスメってどこまで言っていいんですか？」と、あまりの規制の厳しさに肩を落としてしまう方も多いのではないでしょうか。

許されている効能効果の範囲内で表現することは可能です。たとえば、「アンチエイジング」は老化防止を意味するので使用することができませんが「エイジングケア」は許容範囲内なのです。このように表現方法によって使用ＯＫとなることがよくあります。

もうひとつ例をご紹介します。

「このシャンプーを使うと、髪の毛の立ち上がりが素晴らしい」これがNGなのに対して、「このシャンプーはしっかり根本から洗えて汚れが落ちているから、髪の毛の立ち上がりが素晴らしい」このような表現だとOKなのです。あまりにも判断が複雑すぎますよね。

この広告表現だけは、コスメのOEM手続きに特化した弁護士に依頼することをおすすめします。ココナラ、ランサーズなどのクラウドソーシングサービスには1つの案件1～5万円で相談に乗ってくれる弁護士が何人もヒットします。私もクラウドソーシングサービスで出会った優秀な弁護士と広告出稿の際は相談しながら進めています。コスパが良すぎて驚いています。

もしあなたが薬機法に違反した広告を出してしまったらどうなるのでしょう？　違反のリスクについて弁護士に聞いてみました。

弁護士H「最悪の場合、懲役刑になることもありえます。薬機法では急に逮捕されることもありますし、行政からは課徴金、業務停止などの措置を取られます」

志水「なるほど、刑事事件と行政処分の両方が課されることがあるのですね。良かれと思って出した広告が……。自分のビジネスにかなりのダメージがありますね」

弁護士H「摘発と処分は違反の程度にもよるので、少しの違反であれば、行政処分程度で済みますが、このクリームで皮膚がんが治る！　といった過激なものは刑事罰の対象となるでしょうから避けていただきたいですね」

景品表示法の優良誤認表示にも注意！

注意すべきは薬機法だけではありません。コスメ広告の表現が難解とされているのは、薬機法と景品表示法のどちらも対象となるからなのです。景品表示法はコスメ広告ではそう難しいものではありません。優良誤認表示にだけ気をつけましょう。「○○成分を配合」と書いているのに実際はその成分が入っていないなど、コスメ商品を実態以上に良く見せてはならない（嘘をついてはいけない）ということです。

なぜ世の中は違法広告だらけなのか？

薬機法の広告表現のルールを守る必要について、なんとなくご理解していただけたかと思います。

しかし、世の中ではグレーな表現をしている広告をたくさん目にすると思います。あれはなぜ起こるのでしょうか？

その理由の1つに、ウェブ広告の運営会社は専門的な知識がなく、専門家に依頼するコストを捻出することも難しいようです。そのため同じような広告会社が「他社もやっているから」と違法広告をしている場合が多いのです。ウェブ広告の中でも、Instagramや Facebookの広告は年々取締りを厳しくしているため、グレーな表現があれば広告出稿できないようになり始めたのはコスメ広告業界にとって良い方向に向かっているといえます。

また、もう一つの理由としては、違反の判断をしているのが都道府県だということです。難しいグレーな表現は、都道府県によっても判断が違いますし、審査する担当官によっても違います。同じような表現を使っている企業がたくさんあるはずなのに、行政処分を受ける企業と受けない企業があるのはこのせいです。私のコスメ工場がある北海道でも担当官が変わった際は思わぬ指摘をされたことがあり、社内のリソースを大きく割くこととなりました。

薬機法は融通がきかない法律ではありますが、このような決まりがあるからこそ、顧客は安心してコスメを手に取ることができます。コスメ広告はターゲット顧客に向けて価値を伝える素晴らしい方法ですので、コスメに関わるすべての会社がこれらの法律を守る努力をしていきたいですね。

知っておいて損はない、薬機法のはじまり

薬機法は文字通り、薬の法律です。なぜコスメと関係があるのでしょうか? その理由は明治時代まで遡ります。政府は薬の法律を作ろうとしていました。当時は大きな医薬品メーカーなんてものはありませんから民間薬、たとえば切り傷に効く薬、肌を潤す薬(化粧水)などが溢れかえっていました。そこで民間薬を大きく3つに分け、大きな作用があるもの(医薬品)、緩和な作用なもの(コスメ、化粧品)、どちらとも言えない真ん中位の作用があるもの(医薬部外品)と分けられたのです。つまり緩和作用がある「コスメ・化粧品」は「医薬部外品」や「医薬品」と区別する、という法律ができあがったのです。

本書をここまで読んでくれたあなたは、コスメビジネスの難しさを感じているかもしれません。薬機法が厳しいルールである事は事実ですし、考えようによっては同業他社も同じ課題を背負っているのですから、ここからお伝えする「コスメの売り方」で頭1つ抜けるだけで、小さな会社のコスメ商品でも他社に大きな差をつけることができます。コスメ

の売り方さえ覚えてしまえば、もう怖いものはありません。

地域ブランドが陥りやすいミス
経験のないコンサルに頼ってはダメ

「志水さんの会社のコスメ、私ならばもっと売れるお手伝いができると思います！」このようにマーケティングのコンサルタントから提案を受けたりすることがあります。私も過去に知り合いの会社から声をかけられ、広告プロモーションを中心としたマーケティングをお願いしたことがありました。結局のところ、毎月のコストを払っているにもかかわらず、進展のない状態で時間だけが過ぎていき、「今人手が足りない、急ぐならば追加費用が必要だと」と言われる始末。よくよく聞けば、コスメ商品の広告プロモーションをするのは初めてだということがわかりました。結局のところ手間はかかりますが、自分でやったほうが安く早かったのでした。私の失敗から学ぶべきことは、あなたが何らかの形でコンサルタントにお願いすることがあるならば、コスメ商品を取り扱ったことがあるかどうかだけは確認しておいた方が良いでしょう。

また、行政や公的な団体にありがちなのが、コンサルタントの意見をもとにご当地のコスメ商品を作り始めることです。皆さんもコスメ商品にかかわらず地域のブランドでこのようなパターンを見たことがありませんか?

・シンプルでおしゃれだけど、中身のないデザイン
・聞き飽きた「生産量日本一の○○」を使用
・都心の一等地での展示イベント
・かっこいいだけで、売れないウェブサイト
・端材を有効利用、持続可能な取組み

私が拠点を構えている北海道をはじめ、地方には必ずと言っていいほど地域ブランドを作りたがるコンサルタントがいます。彼らは「ここの土地の○○が素晴らしい」と自分の仕事欲しさに褒め讃えてくれます。彼らはSDGsやサステナブルなどの言葉を使って社会的に良いことをアピールします。しかし、コスメ商品を作るだけ作ってヒットが難しいとわかってきたら、連絡が次第に少なくなり、そのまま関係が消えていってしまうようなコンサルタントが少なくありません。

私もコスメ専門のコンサルタントをしていますが、専門外の案件は絶対に受けません。

なぜなら、業種が変わると深い部分まではよくわからないからです。コスメ商品のビジネスを手掛けたことがあるコンサルタントならば「売れるコスメ商品こそが正義」であることを理解しているため、コスメの特徴に合った提案ができるでしょう。しかし、地域の食品などのブランドいくつか立ち上げた程度のコンサルタントの意見には専門性がありませんので耳を傾けない方が良いと私は思います。これはコスメ商品にかかわらず、販売する商品によって法律も売り方も変わってくるからです。もし相談や業界知識を得たいのであれば、そのジャンルに特化したコンサルタントに依頼することをおすすめします。

小さな会社のための販売計画「課題の解体法」

コスメ商品に限らず、ビジネスというものは「作り出す」ことよりも、顧客から「お金をいただく」ことの方が難しい場合がほとんどです。そして大抵の難しいことというのは、「簡単なことの積み重ね」です。複雑な課題を細分化して考えることで、コスメ商品の売り方をマスターしていきましょう。

このコスメ商品でいくらの売上が欲しいですか？　という質問をすると、ほとんどの人は「そんなの、多ければ多い方が良いに決まっているでしょう」と答えます。おっしゃる通り、売上は多ければ多い方が良いですよね。しかし小さな会社こそ、いくらの売上を作るのかを明確にしなければなりません。

たとえばあなたが「料理が上手になりたい」と思ったとしましょう。料理上手といっても、専門的な調理技術とセンスが必要な一流シェフ、初心者が簡単に作れる料理をプレゼンテーションする料理教室の先生など、さまざまな道があります。つまり、目指すべきゴールによって道がまったく変わってくるのです。

コスメ商品の場合でも、ひと月に100万円売るプランと1,000万円売るプランでは投資するコストと人材がまったく変わりってきます。まずはいくら売れたら良いのかを考えましょう。

売上＝販売価格×年間の購入数×顧客人数

すでにビジネスをされている方からすると、当たり前に聞こえる話ですが、この売上を細分化した指標はコスメ商品の販売にとっても重要なのです。販売価格は、すでにコンセプトの時点でペルソナをもとに決まっているでしょうから、他2つの項目について説明していきましょう。

儲からないコスメ商品は、ここが間違っている！ 年間購入数の決め方

リピート率は高いのに、利益が思うように上がらない。このままではコスメ商品の販売自体を見直さないといけない……。このような状況を避けるために、私がコンサルをしている企業には、ひと月にいくら分の売上が立っているかを計算してもらっています。たとえば、3，600円の2か月間使えるシャンプーがあったとすれば、1か月あたりの売上は1，800円となります。

また、意外と見落としがちなのが、毎月のコストです。販促費、家賃、サービス契約費などは毎月発生するため、そのぶん利益率は低くなってしまいます。リピートを中心に売上と利益を増やしていきたいならば、

・30～45日以内に使い終わる容量の設定にする
・ひと月あたりの使用単価を3，000円以上にする

いずれかの方法をおすすめします。ここを間違えてしまうとコストカットに奔走する他

に方法がありません。ほぼ挽回は難しいでしょう。

どのくらいの期間で、コスメ商品が消費されるのかをうまく利用する販売戦略もあります。

北の達人コーポレーションというコスメなどのご当地商品の通信販売から株式上場した企業があります。この企業が販売するコスメ商品の利用サイクルは徹底されていて、ほぼすべての商品が1か月で使いきれる容量で作られているのです。1か月ごとの定期購入を提案することで、顧客は使い切ったタイミングで新しい商品が届く便利さと、企業は翌月分の売上規模が明確になるという双方にメリットがある仕組みとなります。

ここを誤ると致命傷。顧客人数の決め方

コスメ商品で売上と利益を上げるには、以下の流れが必要です。

コスメ商品を買ってくれそうな見込み顧客を見つける

↓

見込み顧客に、コスメ商品をＰＲして購入してもらう

←さらにPRして、リピート購入につなげる

まずは、見込み顧客を見つけるところからスタートしていきましょう。

結論から申しますと、あなたの既存ビジネスのお客様のなかで、コスメ商品を購入してくれそうな人をピックアップしていくのが現実的なプランです。「ネットショップを開店すれば、ターゲット顧客に提案できるだろう」、「インフルエンサーに依頼して新規顧客を増やしていこう」、このような考えは危険です。見込み顧客の必須条件としては「あなたが直接連絡・提案できること」です。対面接客、DM、SNSどんな方法でも構いませんが、あなたが商品を買って欲しいと思った時に提案できる人であるということが重要となってきます。なぜなら、まだ出会ってもいない関係性のない相手は、信頼関係がないあなたから買う必要は無いのです。つい知ってる人から買ってしまいたくなるのが人間の性で、もしあなたのコスメ商品の方が優れていたとしても、顧客はいつも使うお店で似たような商品を買うことになります。

つまり、あなたの既存ビジネスの顧客なら、あなたが新たに展開する新しいコスメビジ

ネスに対しても違和感なく受け入れてくれる可能性が高いということです。

強みである既存顧客を見逃した失敗例

某県で3店舗のリラクゼーションサロンを展開するA社では、新規事業としてオールインワン化粧水の販売を開始しました。販売先は楽天や自社サイトに数百万円を投資し、ウェブマーケティングの人材も業務委託で契約、サロンから販売人員を確保するなど大掛かりな人員計画でした。結構な金額の広告費もつぎ込んだそうですが、新規顧客がほとんどリピートせず、結果は散々で新規事業の縮小を余儀なくされました。

なぜこのコスメ商品はうまくいかなかったのでしょうか？ 原因の1つとして、自社の店舗ではまったくと言っていいほど自社コスメ商品の販売に力を入れていなかったことが挙げられます。それからは方向性を変え、自社サロンに来店したお客様へ提案することで売上は向上し、店舗の顧客はウェブでリピート注文することも多いらしく、馴染みのお客様からコスメ商品への嬉しいお声を沢山いただいています。当初の計画より小規模とはなったようですが、順調にコスメビジネスが機能しています。

ここで学ぶべきことは、自社の顧客はあなたのビジネスの最大の武器だということです。

これまでご紹介した、ヒット商品を生み出した理容室や動物園の成功事例も、自社の店舗に訪れる顧客をきっかけに広がっていったのです。

初心者が陥りやすい、新規コスメビジネスの落とし穴

新規コスメビジネスを立ち上げるといっても、細分化してみると取り組むべきことは3つです。

① 新しいコスメ商品を作る

② コスメ商品を買ってくれる顧客を見つける

③ コスメ商品を買える売り場を作る

これからとても大事なことをお伝えします。小さな会社が取り組むべきは、この中のひとつだけです。3つ同時にやるとなれば多くの人員とコストが必要となり、それを維持し続けねばなりません。3つ同時に新しいことをするのは思ってる以上に負担が大きいのです。もし自社の店舗、または販売網があるならば、そこにはあなたのビジネスに信頼がある顧客がいるでしょうから②と③の条件はすでにクリアしています。ですので、まずは①

の新しいコスメ商品を作ることに全力を注げば活路が見えてくるでしょう。コスメビジネスの最初はとにかくスモールスタートが鉄則です。

既存顧客の大切さがわかる「1：5の法則」

「既存顧客だけでは売上が足りない、新規の顧客も作らなければ！」私もこれまで何度もこのような感覚に陥ったことがありました。そんな時に参考にしている「1：5の法則」というものがあります。新規顧客を獲得するためには、既存顧客と比べて5倍のコストがかかるという法則です。新規顧客に知ってもらうためには広告・プロモーションを行い、コスメ商品のことを知ってもらうことから始まり、興味を持ってくれたとしてもすぐには購入と言う結果にはつながらず、時間も労力もかかります。

既存の顧客だけでコスメ商品の売上が見込めるようになって、もしさらに新規の顧客が欲しいのならば、普段の5倍のコストを覚悟した上で新しい売り場にチャレンジしてみたり、違う土地の新しい顧客に出会えば良いのです。

売り場がないなら必見！　卸販売の秘訣

「自社の店舗だけでは売れるイメージがわかない」、「もっと広く多くの人に知ってほしい」、そう思ったときに有効なのが卸販売です。簡単に言えば、他社の店舗やネットショップであなたのコスメ商品を売ってもらう方法です。例としては、ご当地コスメを空港や観光地の売店で販売しているものをイメージしてください。店舗で売ってくれることが決まりさえすれば、あなたが休んでいる間も、コスメ商品が売れていくのです。

「それは素晴らしい方法だ、うちも卸販売をしよう！」と多くの人が思うため、店舗には新商品の取り扱いについて連絡が次々と舞い込みます。私が経営する美容室にも毎週のように新しいヘアケア商品の紹介があります。店舗の商品仕入れ担当者は「新商品、先端成分」なんて言葉は聞き飽きていて、「その商品、本当に売れるんですか？その商品を取り扱って私たちにメリットがあるのですか？」というのが本音です。つまり販売につながるか、売り場にメリットがない限りは、あなたのコスメ商品を取り扱ってくれることはありません。コスメ商品を卸販売するには、顧客の心をつかむことはもちろん、販売店舗の人々の心も掴まねばならないのです。

図表4-4 卸販売の仕組み

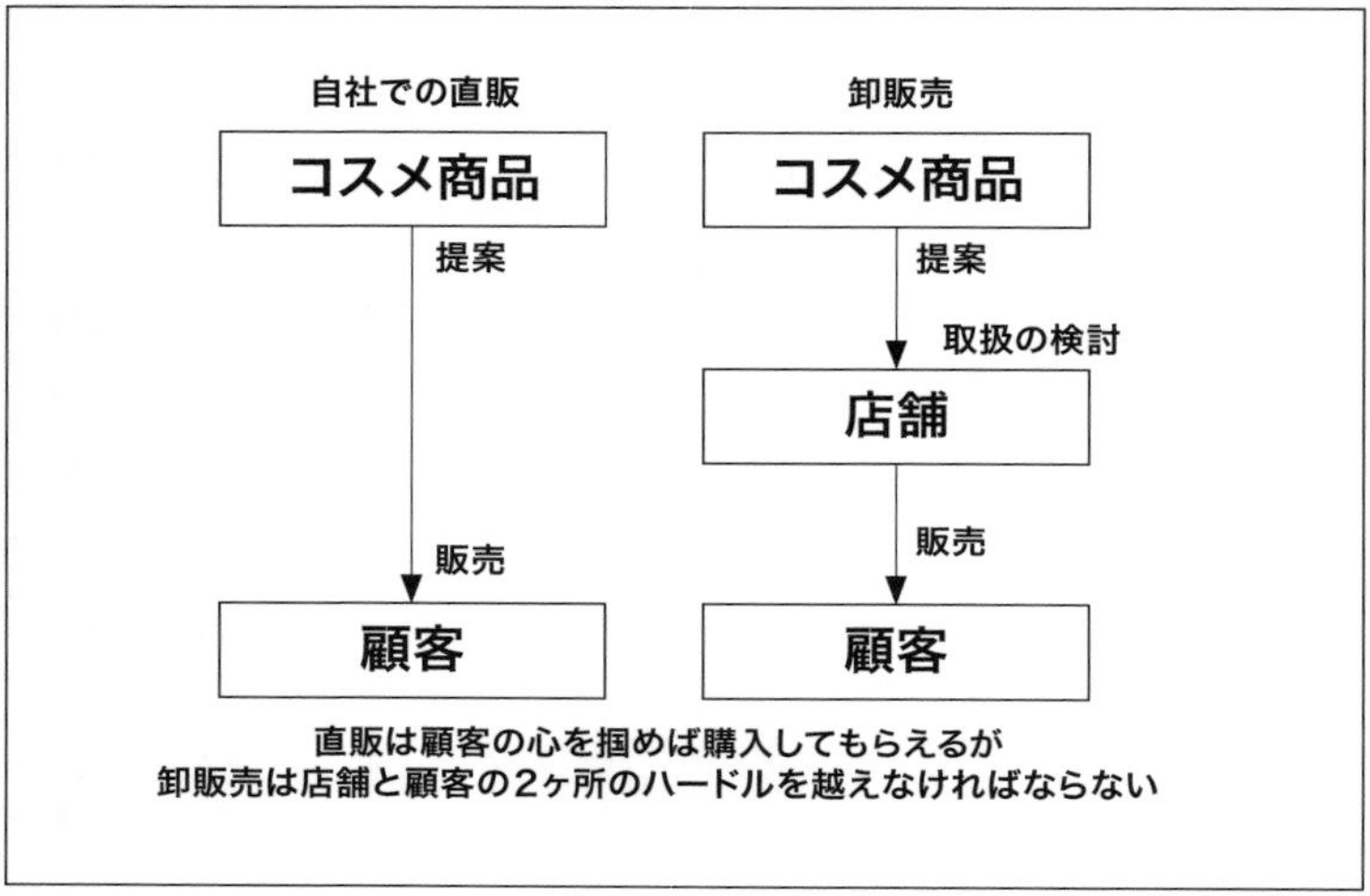

ただしちょっとしたコツを掴むだけで、商品仕入れ担当者の心をつかむことができます。

図表４-４のように、店舗にも顧客にも喜ばれる商品を作る必要があります。人気がある店舗の売り場はとにかく忙しく、商品の展開スペースやポップが置けるスペースも限られています。

そんな店舗の環境に合わせたアイデア事例をご紹介します（**図表４-５**）。

ラベンダーの香りと、さらっとべたつかずバランス良く保湿できるハンドクリームなのですが、秘密はハンドクリームの外箱にあります。ぱっと見はただの四角い箱ですが、切り取り線に沿って切り離せば30秒程度で組み立てられ

図表4-5 販促ポップ付きの什器に変身する外箱

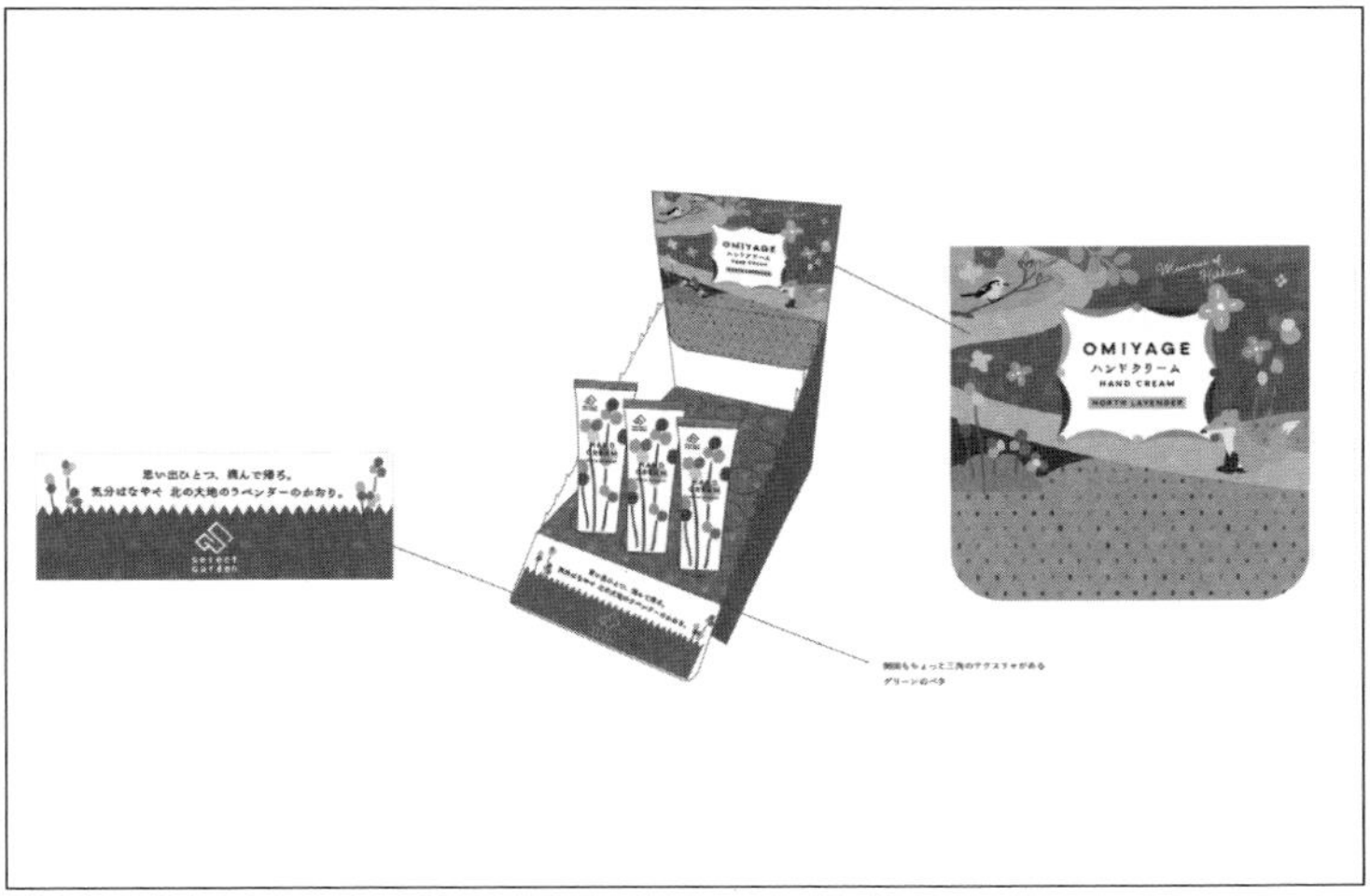

る、販促ポップ付きの什器に早変わりするのです。

店舗からは「陳列しやすい」、「繁忙期でも手間がかからない」と、売り場の事情まで考えられているコスメ商品として取り扱いが次々と決まりました。ポップなどを置くスペースがない売り場でも、独自の世界観とメッセージを顧客に伝えることが叶います。このハンドクリームは、発売から数か月で7，000本以上売れています。

取引形態と掛け率

コスメ商品をどこかの店舗で販売してもらう際には、２つの取引形態があります。

① 委託販売

コスメ商品を店舗が預かって販売する仕組みです。実際に売れた分だけがあなたの売上となります。あくまでも店舗は商品を預かっているだけなので売れなかったとしても、責任は取りません。

② 買取販売

コスメ商品をお店が買い取って販売する仕組みです。買取が決まった時点であなたの売上が立ちます。店舗は売らなければいけない在庫を抱えるのでリスクを気にします。

観光地の売店などでご当地コスメを販売したいと考えるなら、ほぼ委託販売からのスタートとなります。まずは委託販売で優秀な売上をたたき出してから、買取販売を提案してみるのはどうでしょうか。

次に掛け率（仕入れ値）についても学んでいきましょう。

ごく当たり前の話ですが、あなたのコスメ商品を代わりに販売してくれるお店も利益を取らねばなりません。取引を始める際、必ずお店から確認されるのが「掛け率」です。1，000円のコスメを6掛け（60％）で販売するとしたら、600円となります。コスメ商品の一般的な掛け率は、委託販売なら65～75％、買取販売なら55％～65％です。掛け率については数量や商品の種類によってさまざまですが、販売する店舗が食いつきたくなるような掛け率を提案してみましょう。

卸販売の決め手は、結局アナログが強い

あなたのコスメ商品をどんなお店で扱って欲しいのか、イメージができてきたらあとは提案するのみです。販売してくれそうな店舗へお問い合わせフォームからメールを直接送ってみるのも良いですが、私が効果的だと感じているのがアナログな電話と飛び込み営業です。店舗の仕入れ担当者に直接、自分の言葉で商品の素晴らしさを伝えることで、取り扱いの成功率は大きくアップします。また、実際に店舗に赴くと、提案する商品のプロモーション方法などについてもアイデアが浮かびやすくなるはずです。

卸販売はあなたが販売しなくても、代わりに店舗が販売してくれる魅力的な方法です。いくつか越えなければならないハードルはありますが、シンプルな乗り越え方は、電話し

図表4-6 A4サイズの仕様書例

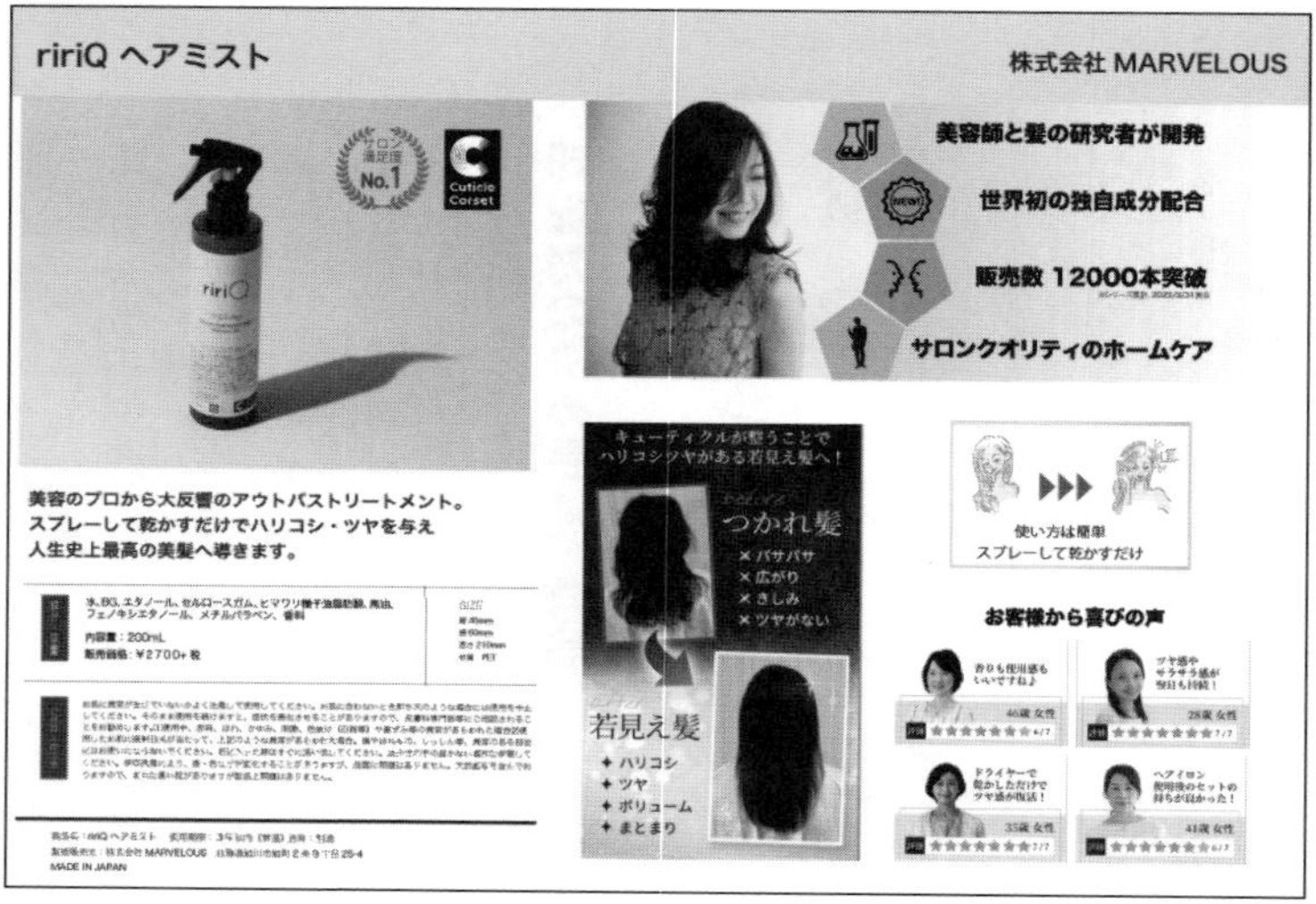

て会って話すだけ、なのです。店舗だって売れる良い商品を探しているのですから、大丈夫です。

もし店舗の仕入れ担当者と会ってコスメ商品の提案をできるような機会があるのならば、商品情報をまとめた書類、いわゆる「仕様書」を持っていきましょう（**図表4-6**）。

忙しい店舗の担当者からすれば、「この商品は何ができるのか？」「販売価格はいくらで、いくつから発注できるのか？」などということが手間なくすぐにわかった方が嬉しいに決まっています。配合している成分や使用上の注意などをわかりやすくまとめたA4サイズの紙1枚を持っていくと確認事項がぐっと減るので、親切に感じるでしょう。ただ、担当者と会ったとき、仕様書に書いてあることだけを読み上げるだけはいけませんよ。あなたが担当者に伝えるべきは、このコスメ商品が「店舗で売れる理由」です。

私が関わらせてもらっている会社の中に、お土産商品を販売している会社があります。売れない営業マンは「このハンドクリームはラベンダーの香りで、この成分が手を保湿してくれて……」とコスメ商品のスペックばかり語りがちですが、売れる営業マンは「近頃、手をアルコールで消毒している人が増えていて、手荒れが気になっている人が多いんですよ。もしも旅先で手が荒れたりしたら嫌じゃないですか。これから乾燥する季節に入りますし、他の店舗でもハンドクリームの売上が伸びています」とその店舗に訪れる顧客がなぜそのコスメ商品を買うのかをわかりやすく説明します。仕入れの担当者が欲しくなってきたところで、先程のＡ４サイズの仕様書を渡し、あっという間に取り扱いを決めてしまいました。

このように伝え方ひとつでコスメ商品の広がり方がまったく変わってきます。どんなに素晴らしい物を作ろうとも、相手に価値が伝わらなければ意味がありません。作ってる会社は思いがありますから、この商品はあれもできて、これもできて……などと説明してしまいがちですが、相手はそんなことを聞きたいわけではありません。

さて、次章からはコスメ商品の魅力を正しく伝える方法をご紹介していきます。私も数年前までは知りませんでしたが、コスメの売り方、伝え方を知ることで見える世界がガラッと変わりました。コスメの売り方さえ理解すれば、コスメビジネスで怖いことはありません。さあ、次のステージへ行きましょう。

第5章

コスメ商品の売り方テクニック

コスメ商品を上手に販売している会社って、どうやってるの？

かつてのコスメ商品は、百貨店やヘアサロンなどの売り場で対面のカウンセリングをして販売する方法がメインでした。しかし、最近では通販・ネットショップでコスメを購入する顧客が増えており、小さな会社でもオリジナルのコスメブランドを立ち上げて、売上を伸ばすケースが増えています。コスメ商品は一度顧客に気に入ってもらえさえすれば、ほとんどの人々が日常的に使用するものですから、不況やパンデミックの中でも定期的なリピートが見込めるため、ビジネスをより安定化できる魅力があります。

ここまで読んだあなたは、オリジナルのコスメが次々と売れていく未来を創造したかもしれませんが、ちょっと立ち止まってください。

あなたのチームの人手、足りていますか？ オリジナルコスメで利益を得ていくことは、コスメ商品を作って販売するだけでは成り立ちません。つまりどういうことかといいますと、継続的に人材とお金が必要なのです。たとえば、ＳＮＳの発信や広告宣伝は定期的に必要ですし、通販やネットショップで販売するのには出店費用がかかります。また、コスメ商品の在庫はどこで保管するのか、商品の発送は誰がどのように行うのかなど、人件費や場所代を含めた費用をよく考えておかないと、「売上は上がっているのに、人件費とコストがかかりすぎて利益が上がらない」「広告企画を考える人、配送業務をする人が足りない」なんてことに陥ってしまいます。

これはそもそも最初の設計が間違っているからなんです。先ほども紹介しましたが、コスメビジネスの作業を分担すると次のようになります。

①　**新しいコスメ商品を作る**……コンセプト設計、発注、支払いなど、主にビジネスオーナーがやるべき業務

②　**コスメ商品を買ってくれる顧客を見つける**……ＳＮＳや広告など、企画を考える。顧客に価値を伝えて購入を促すマーケティング業務。卸販売ならば取引先への営業活動

③　**コスメ商品を買える売り場を管理する**……コスメ売り場の管理（商品発送、問い合わせ対応、在庫の管理）

いかがでしょう? 各項目で最低でも1人は配置したいと思いますよね。つまり商品を作る、顧客を見つける、売り場を管理する、となると、人材は3人必要になります。人手が余っていて資金も潤沢にある会社ならばまったく問題はないでしょうが、小さな会社はほとんどの場合、人手不足の状況だと思います。

また、日本の正社員の平均給与を1か月あたりに換算すると、38万円程度です。新規コスメビジネスで正社員を3名配置したとしたら、月114万円の計算となります。これをコスメビジネスで回収するとしたら、あなたは一体いくつコスメを販売したら良いと思いますか? 3,000円のコスメ商品(利益率30%)をひと月1,266個販売して、ようやく人件費の元が取れます。気が遠くなってきませんか?

小さな会社がコスメビジネスで勝つには、既存ビジネスをフル活用するほかありません。

儲かるコスメビジネスをするためには、長く続けることが重要

あなたがヘアサロンや雑貨店など、顧客とコミュニケーションが取れる店舗を運営していたり、既存ビジネスでネットショップがあるのならば、最小限の人員でコスメビジネスを始めることができるでしょう。ここで大事なのは、継続的にコスメビジネスを運営する

上で誰が主な管理をしていくのかを決めることです。そうすれば現実的な販売プランが見えてくるでしょう。

また、ヒット商品を世に出したいからといって、くれぐれも「一発当てる」ために多大なコストと人員を投じたりしないようにしてください。ビジネスはあなたがこの先も続けていく長期戦です。少ないコスト、少人数で始めて、小さな利益を上げ続けることを目標にしましょう。少人数で販売を続けていくためには、1つのメインとなるコスメ商品を決めて、どの場所で誰が対応していくのかを考えます。

私が関わらせてもらったヘアサロンの例を紹介しましょう。某県で十数年、2店舗を経営するヘアサロン。お店は常に繁盛していますが、スタッフも年齢を重ねて体力も衰えてきたせいか、「この先10年、同じようには働けないかも?」と思ったことがきっかけでコスメビジネスに参入しました。オリジナルのヘアケア商品を発売し、既存顧客を中心に店舗で商品を試してもらい、購入に繋げます。さらにネットショップでのリピートも促しました。

コスメ商品を販売すると、顧客から使い方の問い合わせやクレーム、喜びの声など、さまざまな連絡が入ります。これらをすべてお店のサロンスタッフが対応しました。商品発送は見習いのアシスタントが、客足が引ける夕方の時間に対応することで既存ビジネスの空き時間を有効利用することに成功しています。「カット＋カラー＋ヘアケア商品プレゼント」などの特別メニューを打ち出し、自然と顧客がオリジナルのコスメ商品に触れる企画も打ち出すことができています。これによって利益率は50％を超え、増益増収が続いています。増えたコストと言えば、ネットショップの運営費と少し増えた人件費くらいです。

コスメビジネスを継続させるためには毎月のコストをかけすぎないようにすることです。継続こそが顧客に信用を与えます。コスメを販売するための方法は、店舗での対面、ネット販売などさまざまな方法があります。「なんとなく売れそうだから、みんなやってるから」というあいまいな考えではなく、既存ビジネスの仲間たちとコスメビジネスを成功させたい！と考えて取り組んでみてはいかがでしょうか。

小さな会社がネットショップを始めるときに、陥りやすいミス

私は、これまでにネットショップ構築に三度チャレンジして、1，000万円以上のコストを投じ、ことごとく失敗してきました。

今から十数年前、インターネット上で商品の売り買いができる仮想空間、いわゆるネッ

トショップが主流となり、楽天やAmazonなどのオンラインショッピングを誰もがスマホひとつで利用できるようになりました。日本全国の人々とインターネット上で取引ができることに魅力を感じた過去の私は、ＩＴ系の会社を経営する友人と楽天市場で私が初めて作ったコスメブランドを出店しました。楽天はモールと呼ばれるネット上の商店街のようなもので、集客率が高く、定期的にセールイベントがあり、会員数が1億人を超えているほど信頼されているネットショップの1つです。私と友人は、夜遅くまで事務所に集まっては商品ページを作ったり、セール企画を考えました。ときには朝方まで未来を語り合ったほど、これからオープンするネットショップの成功を確信していました。

しかし、いざオープンしてみたらまったく売上が上がりませんでした。それもそのはずです。大きな商店街やイオンモールなどを想像してみてください。まったく知らないお店が、まったく知名度のない商品を売っているお店に、入ってみたいと思いますか？ ほとんどの人が思わないでしょうね。そもそも存在すら気づかないでしょう。どんなに顧客が訪れるモールでも、認知度が低いコスメ商品ではまったく勝負になりませんでした。「楽天の月額使用料を支払うだけで精一杯だ……」、私と友人は現実に直面します。ポイント還元やお買い物マラソンへの参加などいくつか企画を考えてみましたが、焼け石に水。さらにコストがかさんで、ついには赤字となりました。しだいに私と友人はなんとなく会いにくくなってしまい、1年後にはネットショップも閉店しました。

このように、楽天やAmazon、Yahoo!ショッピングなどモール型のショップは、認知度がある商品ならまだしも、認知度がない小さなコスメブランドの商品は、モール内で新規顧客を獲得するのは非常に厳しいといえます。人気がある他社メーカーの商品とオリジナルコスメを組み合わせて販売するなど、方法がないわけではありませんが、それも小さな会社の初期投資としては多大なコストとなるはずです。この私の失敗からあなたに学んでほしいことは、人が集まるモールに出店したからといって新しい多くの顧客を得られることはないということです。

オリジナルのネットショップも失敗……

モール以外にもmakeshopやshopifyなど格安の利用料金でネットショップ運営ができる方法もあります。

楽天で失敗を経験した私は「知名度がない商品は、広告で新たな顧客を連れてくるしか方法がない」と考え、オリジナルのネットショップをオープンさせました。楽天とは違い、自由なデザインでネットショップを作ることができるのが魅力です。おかげで細かいところまでコスメブランドのこだわりを反映させることができました。しかしウェブページを作るだけでデザインの外注が発生し、思っていたよりもコストがかかりました。さらに「○○○○.jp」といったドメインの取得や、ＶＩＳＡ、ＪＣＢなどのクレジットカード決済など、ネットショップに付随する最低限の機能を揃える必要があり、慣れない用語が並んだ契約を通常業務をしながら進めていくことに若干のストレスを感じました。

結局、会社の貯金を減らしながらもネットショップは9か月かけてオープンしたのです。社内ではプロモーション企画と商品の発送問い合わせのための専門スタッフを配置し、もはや後に引けないほど手をかけていました。ネットショップはGoogle広告や新聞広告が功を奏し、オープンから順調に売上が伸びました。新たな顧客との出会いやリピートが入ったときの喜びは、ネットショップでも十分に感じることができたのです。ショップの運営コストがオリジナルのネットショップは、低い契約プランなら非常に月額コストが安いため、大儲けとまでは言えませんが順調に利益も上がります。あの頃は月末にパソコンの画面を見ながらニヤケていました。「オープンまでは大変だったけど、ネットショップをオープンして良かった！」と、そう思っていた矢先に予想していなかった落とし穴にはまります。ある日、ショップの運営を任せていたスタッフから「半年後に退職を考えています」と申し出があったのです。簡単に即戦力の人材を採用することが難しく、問い合わせ対応や商品受注はコールセンターに外注、在庫管理と発送作業をサポートしてくれる倉庫にも外注をすることとなりました。その結果、運営コストが大幅に膨らみ、利益率は９％まで下がってしまいました。これでは、オリジナルショップ、オリジナルコスメを販売する旨味はまったくありません。「まだ方法があるはずだ、こんなところで諦めたくない」そんな思いはありながらも、私はまたネットショップの撤退を余儀なくされたのです。

あなたはこの私の失敗例を聞いてどう思いましたか？ どれもよく考えれば最初からわかっていたことではないかと思いませんか？ まさにその通りです。コスメビジネスで小さな会社が利益を上げ続けるためには、「新しいコスメ商品を作る」「コスメ商品を買ってくれる顧客を見つける」「コスメ商品を買える売り場を作る」、これらを同時にやってしまっては、コスメビジネス自体がうまくいかなくなることをご理解いただけたことでしょう。

「ネットで買いたい」という顧客の声

私は美容室の経営もしているので、週に2～3回はサロンに立って顧客の髪を整えています。今、業界で話題になりつつある、私が開発したヘアミストがあります。スプレーするだけでくせ毛を抑えてまとめる効果があり、美容師仲間の間でも「これまでにないツヤと手触りだ」と話題となっていました。そこから東京、群馬、四国の美容師の間で次々と話題となり、定期的な注文が入るようになったのです。ネットショップで販売する予定はありませんでしたが、顧客から「転勤することになってお気に入りのヘアミストが買えない、ネットで買えたら便利なのに」と声をいただいて、ネットショップでの出品をスタートさせました。

ネットショップを早々に成功させるのは、ある程度の認知度があるコスメ商品または認知度がある人物でないと難しいでしょう。認知度のない小さな会社がネットショップを始める機会があるとしたら、あなたの顧客から「ネットで買いたい」と言われた時です。既存顧客が全国どこからでもリピート購入できる場所が必要になったとき、ネットショップが活きてくるのです。

Amazonは出店コストも安く、月額5,000円程度でネットショップの運営が可能になります。

そして小さな会社にとって最大のメリットは「FBA」と呼ばれる「代行サービス」を利用できることです。手数料は必要ですが、Amazonの倉庫へコスメ商品をまとめて送るだけで「在庫保管・梱包・配送」をAmazonが代行してくれるサービスです。これならば、社内で人員を確保する必要もありませんし、面倒な発送業務などを行う必要がないため、業務の効率化を図ることができます。他の出品者からの評価も高いため、もしあなたがAmazonを利用するならぜひ検討してほしいサービスです。

百貨店や直販で勝負！ 販路拡大のポップアップ販売術

小さな会社の販売戦略として、ネットショップのほかに相性が良い方法があります。それはポップアップショップです。期間限定で百貨店や駅の構内にあるイベントスペースに出店することをいいます。数日から数週間単位という短期間で回転できる店舗形態で、訪れた顧客は期間限定の出店に魅力を感じ、まるでお祭りに来たときのように財布の紐が緩むため、認知度が低いブランドでもコスメ商品を手に取ってもらいやすい機会となります。コスメブランドを知ってもらうきっかけとなることや見込み顧客とコミュニケーションを取れることにポップアップストアの魅力があります。もしコスメブランドの店舗を新たに経営するとなれば、小さな会社では資金や人員的にお店を維持し続けていくことは厳しいでしょうし、百貨店や人が集まる場所で出店しようと考えても認知度がないブランドはお断りされてしまう場合がほとんどです。しかし、ポップアップストアは期間限定出店のため費用も抑えられますし、出店へのハードルが極端に低くなります。既存ビジネスの販売ルート以外で新規顧客と出会いたいと思ったら、年間を通して継続的に広告・プロモーションを行う必要がありますが、ポップアップショップは年に一度、単発でも十分に効果が見込めることも魅力です。

メリットをいくつかご紹介していきます。

コスメブランドのストーリー、世界観を伝えられる

自社の店舗がないブランドは、取り扱い店舗では他の商品と一緒に陳列され、ブランドの世界観を伝えられるのはオンラインのみとなっています。しかし、コミュニケーション

をとりながらコスメブランドが持つ世界観を顧客に体験してもらえるポップアップショップを出品することで、あなたのブランドのストーリーに共感した新しい顧客がファンとなってくることが期待できます。

対面で顧客の悩みを聞くことができる

ネットショップで販売をしていると、顧客と直接コミュニケーションを取る機会は限られていますが、ポップアップショップでは顧客のリアルな人となりがわかります。どんな服装をしていて、どんな話に興味を持つのか。コスメ商品のコンセプトとぴったり合っているのかなどもここで調査ができますね。「もっと○○だったら良いのに」という開発のヒントとなる声も聞けたりします。

コスメブランドをより広く知ってもらうことができる

ポップアップショップを出店すること、それ自体がニュースになります。「○月○～○日、コスメブランドが○○百貨店に期間限定出店！」というプレスリリースを配信できるほか、商品の購入だけでなく、ＳＮＳのフォローやネットショップへのアクセスを促すことで、その場だけで終わらない長期的な関係作りをするきっかけになります。さらに、来場する顧客に向けてＳＮＳでの拡散を見込んでフォトスポットなどを設置したり、自社アカウントをタグ付けしてもらうためにＳＮＳアカウントを記載したショップカードなどを準備したりすることも効果的です。

ポップアップショップの魅力についてなんとなくご理解いただけましたでしょうか？ 常に店舗を経営するとなるとリスクは多いですが、１年に一度くらいならいつもと違う土地に出向いて出店、ＰＲするのは小さな会社にとって効率よく新規顧客と出会えるチャンスなのではないでしょうか。

そして、できるならば毎年同じ場所での出店を定期的に繰り返すことで、出会った顧客がまたリピートで来てくれることも期待できます。毎年通っていくと確実にあなたのブランドのファンが増えていきます。

私の会社でも、２０２０年頃まで横浜駅構内や某百貨店での定期的なポップアップショップをしていました。販売の目玉は、オールインワン化粧水です。人々に直接手に取って試してもらうことで購入につながり、ＳＮＳでも話題になりました。２年目の出店からは「また会いに来たよ〜！」とブランドのファンになってくれた顧客ができたことも、普段顧客と接することがないスタッフにとっては、コスメ商品を販売する喜びを感じられる機会となりました。あなたのコスメブランドを好きになってくれる人を増やすことを目的にポップアップショップを活用していきましょう。

コロナ禍のピンチを利用した、びっくりコスメ商品

手ごたえを感じていたポップアップショップがある日突然、出店できなくなりました。2020年に新型コロナウィルス感染症が蔓延し、人との接触が制限される世の中が続いたからです。私の会社でもヘアケア商品を除き、ご当地コスメは軒並み売上が低下しました。いつまで続くかわからないコロナ禍を不安に過ごしていたビジネスオーナーは多かったはずです。

あらゆるところに消毒用アルコールが配置され、手指の消毒が必須となり、誰もが家に帰ればかならず手洗いをするようになりました。小さな子供を持つお母さんからは「子供が手洗いをしてくれなくて、困っている。肌が弱いからカサカサ荒れてしまってかわいそ

ぷるぷるのゼリー状の手洗い石鹸

うなのよ」という悩みを聞くようになりました。そこで私は「こんなに手洗いが注目される時代はもう来ないんじゃないか」と考え、子供用の手洗い石鹸の開発をスタートさせました。小さな子供が手洗いをしたくなるようなぷるぷるのゼリー状の触り心地、カラフルな色味が特徴です。洗浄成分もうんと優しく作りました。「親子で楽しく手洗いをすることができるようになった！」とすぐに喜びの声が上がり、テレビで藤田ニコルさんが石鹸を紹介してくれました。SNSでも話題となり、全国で店舗展開をしている子供服ブランドの店舗で取り扱いがスタートして、大したプロモーションもしていないのにあっという間にヒット商品となりました。ここで伝えたいことは、世の中全体がピンチの時こそヒット商品を作るチャンスであり、顧客が欲しい商品がわかりやすくなる、ということです。

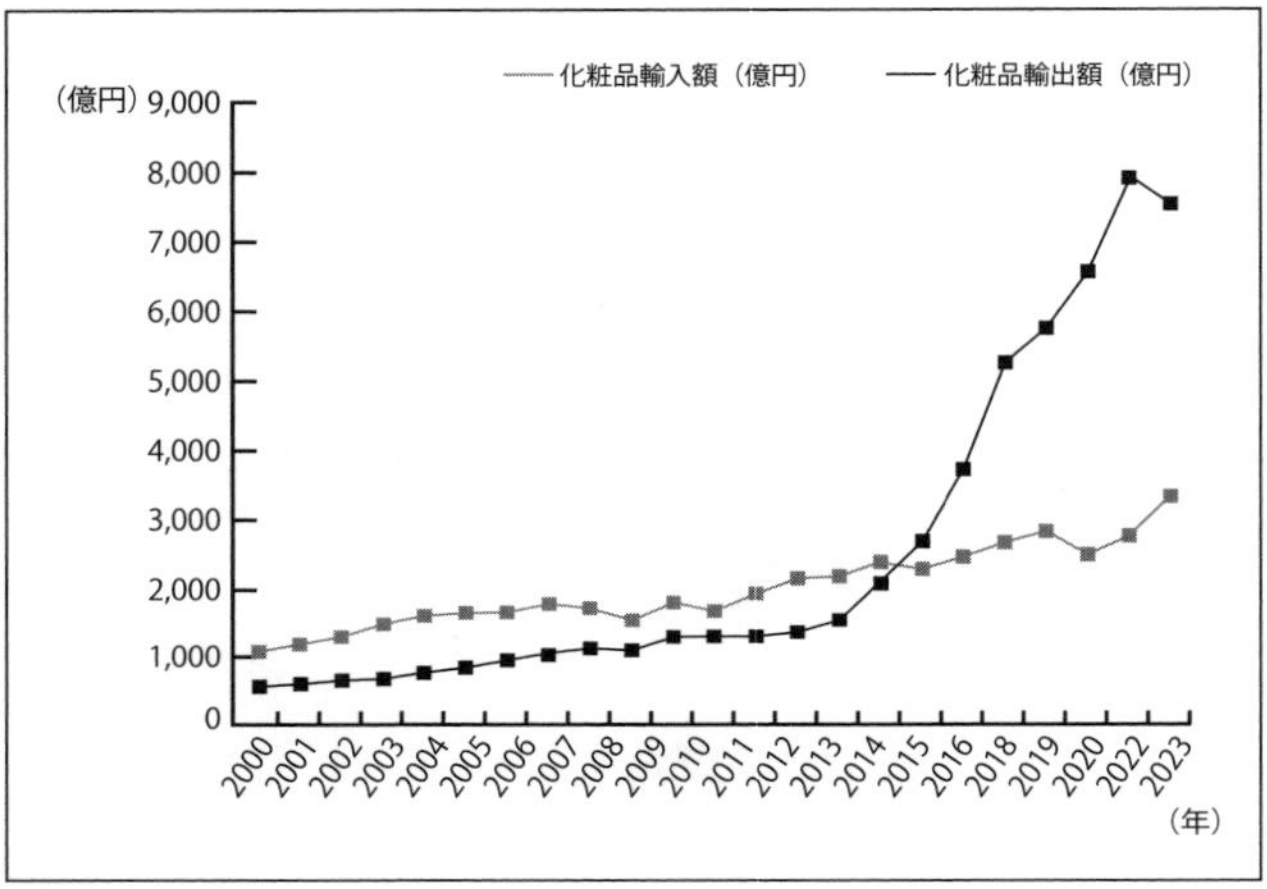

図表5-1　コスメ商品の輸入・輸出額

日本から世界へ！ コスメの海外販売

世界から見れば、日本でコスメビジネスを始めたいと思っているあなたはすごくラッキーです。日本のコスメ商品は高機能・高品質、安心・安全と海外で高く評価されているからです。近頃は商社や、海外の売り場を持っている会社から、「あなたのコスメ商品を海外で販売しませんか?」と私の会社にも連絡が来るようになりました。

近年、日本のコスメ商品の輸出額は大きく上昇しています。財務省貿易統計によるコスメの輸出入金額については、２０１５年から輸出金額が急増し、２０１９年には輸出金額が輸入金額のおよそ2倍となっています。**（図表５-１）**

どんな国で日本のコスメが求められているのでしょうか？　輸出先は、中国、香港、シンガポールなどの伸びが目立っています。アジア市場では特にスキンケアなどにチャンスがありそうです。また、赤道付近にあるＡＳＥＡＮ諸国は、美白や紫外線対策に対する美容意識が高くなっています。

海外でコスメ需要が伸びている背景には、円安の影響もあげられます。円安が進むと、海外で日本のコスメ商品が安い値段で販売されるようになります。これを機に日本のコスメ商品の購入を検討する外国人が増えるというわけです。また現地の人だけではなく、日本を訪れる観光客もコスメをお得に購入できることになります。以前話題となった中国人の「爆買い」のようなインバウンド需要も期待できるでしょう。

「そうは言っても、輸出なんて大きな会社だけのものなんでしょう？」

はい、それはほぼ間違いありません。小さな会社が大手企業と同じような海外の販売戦略をとればすぐに資金は尽きてしまいます。また、少し前に流行した「越境ＥＣ」のような、日本にいながら海外の顧客へネットショップで販売する方法は、小さな会社でも簡単に参入できる仕組みでしたが、海外の顧客と直接やりとりをする必要があるため、言語の壁を越えられずに販売を断念……なんてことも。それでは小さな会社は海外でどうやってコスメを販売すれば良いのでしょうか？

① 信頼できるパートナーとコラボする

まずは、輸出に関わる煩雑な作業や現地のマーケティングを任せられる販売代理店を探しましょう。私が思いつくだけでも、輸出にはこれだけの煩雑な作業があります。

1　現地輸出規制を理解した成分確認作業
2　アレルギー表記を含む規制に準じた英語ラベル対応
3　バイヤー・エンドユーザーの声を含む現地のリアルなフィードバック

これらは専門的な知識や経験が必要なため「餅は餅屋に」の考えで良いと思います。国内外の展示会には多くの海外バイヤーが来場するので、会って話して信頼ができそうならば、話を進めてみるのも良いでしょう。

もし相性が良いパートナー企業と巡り会えれば、「海外のインフルエンサーが、カート機能が付いた動画アプリでコスメ商品をライブコマース販売」などのリスクが少ないプランも提案してくれます。

②　JETROに相談する

コスメを海外で販売したいならば、日本の貿易発展のために活動している機関ＪＥＴＲＯ（ジェトロ）に相談するのも手っ取り早い方法です。わからないことは輸出の専門家がマンツーマンで支援してくれますし、各都道府県に拠点があり直接会って相談、アドバイスを受けられます。さらには「ＪＡＰＡＮ ＭＡＬＬ事業」という、世界各国で連携するＥＣバイヤーにジェトロがあなたのコスメ商品を紹介してくれる事業もあります。

原則、国内納品・国内買取・円建て決済で取引が完結するため、複雑な輸出手続きが不要です。また、成約したコスメ商品はジェトロと現地のＥＣサイトが連携してプロモーションを実施します。まさに至れり尽くせりの機関なのです。海外でコスメを販売する詳しい注意点などは彼らに聞いたほうが早いでしょう。

製造段階でチェックしておきたいこと

「海外でオリジナルコスメを販売！」なんて想像しただけでワクワクしてしまうような展開ですよね。ですが、ここは一旦落ち着いて、海外でコスメを販売するために、コスメを作る段階でクリアしておかなければいけないことを確認しておきましょう。

輸出先国で使用可能な成分か？

「海外のバイヤーが興味を持ってくれたのに、その国では販売ができない成分が配合されていた」日本で当たり前にコスメに配合されている成分でも、国が変わればＮＧとなることはよくあることです。製造段階で、海外のどの国で使用できる成分なのかをＯＥＭ工場や輸出の専門家に確認してもらいましょう。

レシピを公開してくれるOEM工場か？

国が変わればルールも変わります。コスメのラベル表示自体も変えていかなければなりません。たとえば中国にコスメを輸出したいならば、中国のルールではコスメの成分を

０・１％単位で含有量の多い順に表記することが義務付けられています。輸出先での製品登録などに必要となってくるさまざまな書類を、コスメ製造工場から手配することになります。しかし、研究開発をしてやっと得られたレシピの流出を恐れ、成分の配合比率などに関する資料を開示しないＯＥＭ工場も少なくありません。

補助金を利用できるか？

中小企業庁の「ＪＡＰＡＮブランド育成支援等事業費補助金」、ジェトロの「スタートアップ等輸出支援ビジネスモデル実証事業費補助金」といった、海外の市場調査やマーケティング支援、展示会参加費用、海外展開に必要な経費を充てられる補助金が多数あります。

小さな会社にとってリスクを軽減することができるほか、必要な資金を調達しやすくなるメリットもありますので、海外にコスメを販売したいならば、あなたのビジネスが条件に当てはまるかどうかだけでも見ておくのが良いでしょう。

円安の影響もあり、日本のコスメ商品は海外でお買い得となっています。小さな会社は無理に大手企業の真似をせず、補助金を活用するなどリスクを最小限に抑え、小さく始め小さく儲けることから始めてみてはいかがでしょう。

顧客の欲求を満たす「伝え方」こそがポイント

ここからは、なぜ販売テクニックが重要なのかを学んでいきましょう。

コスメ商品はたくさんの小さなブランドで展開され、顧客の選択肢が増え続けています。その中で「自社のコスメ商品が一番すごいです！」と伝えるだけでは顧客の購入の決め手にはなりません。

また、コスメ商品を購入するときに「このお店でこの○○を買おう」と決めて来店する人は、実はごく少数です。仮に興味を持っていても「自分に合ったコスメなのか」「このコスメを使うとどんなメリットがあるのか」といった迷いを抱いた人がほとんどではないでしょうか。

そこで、購入を迷っている顧客に最適なメッセージを伝え、「今ここで買いたい」「あなたから買いたい」と思ってもらえる販売テクニックが必要です。もちろんテクニックと言っても、嘘をついて売る技術ではなく、「最適な伝え方」で欲しい人に売る方法です。このテクニックさえマスターすれば、あなたの手元に置いてあるごく普通のボールペンだって顧客は満足気に購入していくはずです。

顧客が無意識に行っているコスメ商品購入までの流れを、言語化していきます。

人の判断は、感情に支配されている

生活にすぐ必要でないものを衝動買いしてしまった経験はありませんか？　コスメ商品に限らず、モノを買う時に人間は心で買います。つまり感情が動いた時です。棚に並んでいる商品が目に留まり、手に取って直感的に「この商品は自分にぴったりだ！」と感じ、そのままレジで購入してしまう。この衝動買いこそ、感情でモノを買うわかりやすい例です。購入してもらうためには、レジで会計をするまで冷静にさせないことが重要です。カゴに入れた商品を「これはまだ買わなくて良いかも……」と棚に戻した経験は誰しもがあるでしょう。人間は冷静になると迷います。顧客に迷わず購入してもらうためには、如何にして感情を高ぶらせ、それを購入まで維持するのかが販売テクニックの基本なのです。

シンプルな人間の三大欲求

そもそも、なぜ人はコスメ商品を使うのか？　その答えは、人間関係を良くしたい欲求から、です。

人間の欲求は大きく分けて次の３つです。

① **自己欲求**：生きがいや成長、人生への納得など、自分だけで完結する欲求

② **生存欲求**：肉体的な快楽、おいしいものを食べたい、健康に長生きしたいなど、動物的な欲求

③ **社会欲求**：周りと差をつけたい、異性からモテたい、名誉が欲しいなど、人間関係を優位にしたい欲求

コスメ商品を購入する感情の奥にある欲求は、③の社会欲求です。

日本の人間社会では、ＴＰＯやモラルに合わせた清潔感のある身だしなみが求められ、容姿に対してのチェックは異性だけでなく同性の目も厳しいです。また誰しもが自分の肌や髪に対して多かれ少なかれコンプレックスを抱いています。ニキビが出やすかったり、目の下のクマが気になったり、くせ毛に悩んでいたり……。例を挙げたらキリがないほど十人十色のコンプレックスからくる劣等感があり、「人に姿を見せたくない」と思う日もあるでしょう。コスメ商品を使って得られるメリットは、そのマイナスのコンプレックスをカバーすることで自信につながり、人と関わるのが好きになることです。自分に合ったコスメ商品を探し購入するということは、「自分のコンプレックスを乗り越えて幸せにな

る絶好の機会を得る」ことなのです。

もう少し具体的にお伝えすると、友人や家族、職場などあらゆる人間関係の中で「褒められたい、モテたい、差をつけたい」という欲求です。この欲求を満たせることを伝えていけば、あなたのコスメ商品は顧客に選ばれます。

選ばれるコスメ商品は、身近なライバルではなく、時代の変化を見ている

自社のコスメ商品を同業他社と比較して「うちの商品の方が優れている」と安心できる時代ではなくなってきました。いまコスメ商品を販売する環境は大きく変化しています。同業他社のライバルではなく、新たな環境に適応していくことが大切です。

情報量が爆発的に増えている現代、ウェブやSNSでコスメを検索すれば、次々と興味を引く商品がヒットします。あまりに数が多すぎるので商品のことを詳しく知る時間がありません。また、GoogleやAmazonがアルゴリズムを基にして、検索履歴から顧客の興味をひきそうな商品を次々と提案してくれます。「あなたにおすすめの商品」と提案され、

ついつい購入してしまったという人も多いはずです。

小さな会社のコスメ商品はどのように顧客に購入してもらったら良いのでしょうか？ それはアルゴリズムの性質を逆に利用し、「消費者が知らない新たな解決方法」を伝えることです。実は、ウェブ、ＳＮＳ検索を元にしたアルゴリズムの提案は偏った提案をしがちです。たとえば、髪の毛の根本のボリュームが少なくなって劣等感を感じている人がいるとして、その人のＳＮＳ広告には育毛剤やヘアウィッグといった、すぐに問題を解決できるような商品が提案されることでしょう。しかし、汚れを落とすことで根本の立ち上がりを与え、健やかな頭皮を育むシャンプーの提案はありません。つまり、新たな視点からの解決方法を伝えることで、あなたのコスメ商品が顧客の心を動かし、選択肢の１つになるのです。

感情には温度がある

あなたのコスメ商品はどこで販売する予定ですか？ ＥＣショップや卸販売、さまざまな方法があることは先ほどご紹介しました。どんな販売ルートであっても、目の前の顧客に商品を買ってもらえないようではまず売れないでしょう。コスメ商品を販売するために最初に取り組むべきなのは、目の前の顧客がどうすれば感情が動いて購入してくれるのかを知ることです。

間違っても目の前の顧客に「このコスメ商品はあなたにぴったりなので買ってください！」なんて言ってしまってはいけません。コスメ商品の販売テクニックはまさに恋愛と一緒です。もしあなたが知らない人から突然ラブレターをもらったら……怖いですよね。まずは顔と名前を覚えてもらって、生き方や話に共感をして、もっと知りたいと思った後にラブレター、の順番ではないでしょうか。

欲しい、買いたいという感情には温度があります。これはどんな商品も一緒で、感情の温度が低いうちに購入を迫られると一気に引いてしまうのです。顧客が購入に至るまでに越えていくべきハードルは3つあります。

①　**興味**：　目にとまり、気になる状態

②　**感情**：　メリットを理解する、欲しくなる

③　**行動**：　購入する

順番を間違えずに、少しずつ感情の温度を上げていくことがコツです。顧客にコスメ商品を買って欲しいならば、まず最初にやるべき事は興味を持ってもらうこと。目の前の顧

図表5-2　顧客の興味関心を見極める

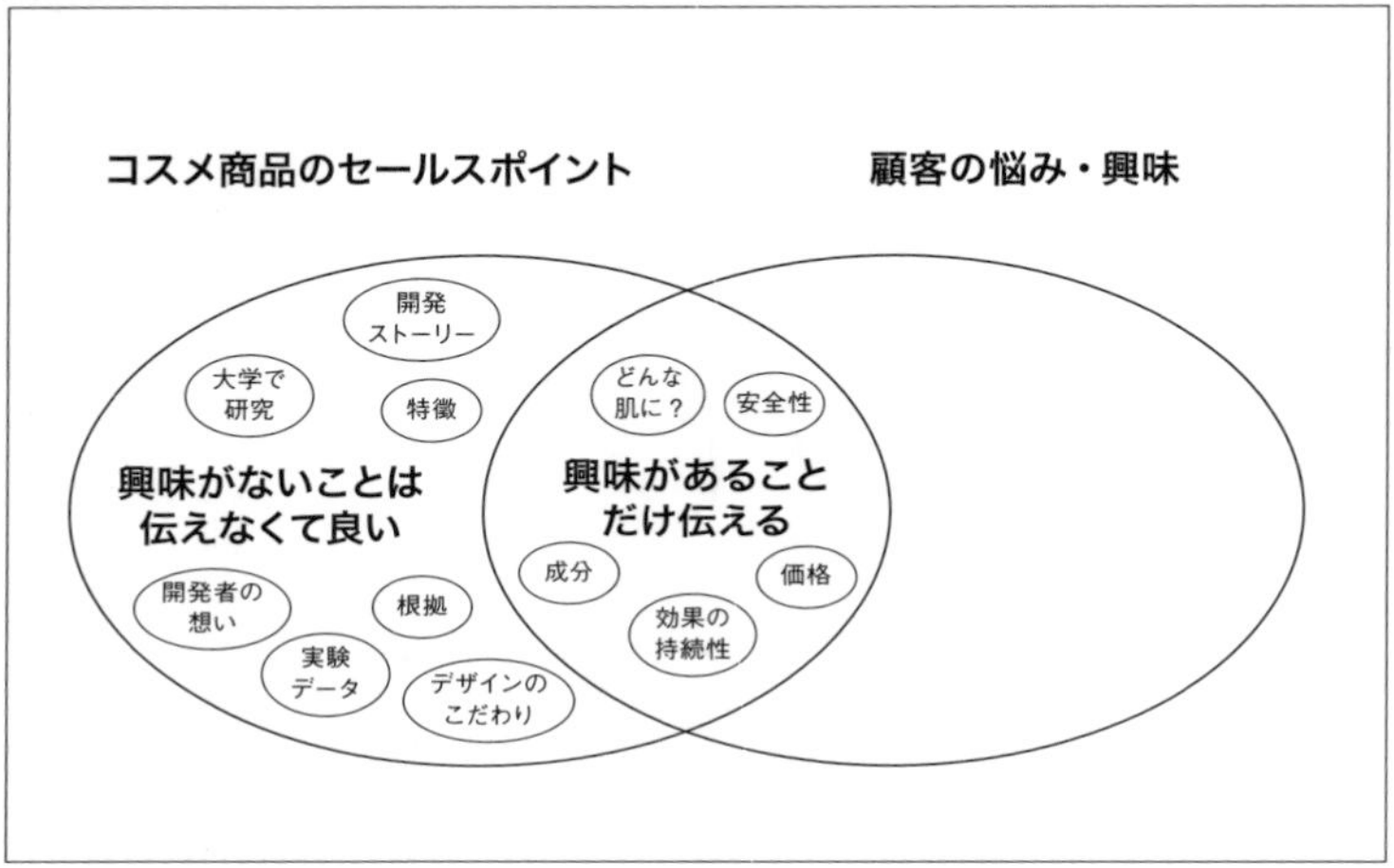

客に声をかけるなら、たとえば「いくつになっても綺麗な人の秘密を知っていますか？」と始めると、もっと話を聞きたいと思ってくれるかもしれません。

人は、興味があることしか聞かない

次に注意しなければいけないのは、顧客の関心がどこにあるのかを見極めることです。

あらゆる場所に溢れかえっている情報すべてを処理していると、脳がパンクしてしまうので、人は興味がある情報だけをキャッチするようになっています。本書を読んでいるあなたも、コスメビジネスに関心があるから、たくさんの本の中からこの一冊を手に取ってくれたのだと思います。

コスメ商品の販売において、大切なことは「聞き手の立場に立つ」ことです。ついついコスメ商品のスペックや特徴について熱く語りたくなってしまうかもしれませんが、顧客が知りたいのは、その商品が自分にもたらしてくれる結果と自身にどれだけ合う商品なのかです。顧客の関心から外れたことをどんなに伝えても、顧客の心にはまったく響かないことを覚えておいてください。

テレビショッピングに学ぶ！　売れる販売トーク：ライブコマースで１時間に１，０００万円の売上を出した方法

「放送後は会社の電話が鳴りやまないほど大反響だったこのシャンプー。お得な値段で年齢に負けない若見え髪を手に入れるチャンスです」

生放送のテレビショッピングでコスメ商品を宣伝し、次々と売れ始め、開始から40分後、「志水さん、シャンプーだけではなくヘアオイルまでも……売るものがすべてなくなってしまいました！」

放送の途中で番組は終了です。「売上は１，０００万円以上！　大成功です！」、販売チー

ムからも歓声が上がりました。まさに売れる商品が、良い商品だという実例です。その場にいる全員が得をしました。

これまでテレビショッピングは、資本力があり大量の在庫を揃えられる大きな会社だけのものでしたが、いまは個人でもライブコマースでコスメ商品を売ることができる時代です。テレビショッピングの販売テクニックは、目の前にいる顧客だけではなくECサイトのLPにも活かすことができる、応用の利く技術です。

ここから先は私の経験と感覚をもとに、販売トークのロジックをご紹介していきましょう。販売トークには顧客と問題を共有したり安心させたりさまざまな役割がありますが、一つひとつを分解して理解すればとても簡単です。

販売トークの流れと役割

① **つかみ**　顧客の目を留め、耳を開かせる
② **共感**　顧客が自分事と捉えて感情を高ぶらせる
③ **課題と解決**　ストレスに気づき、理解をしてもらう

④　**結果**　どんな未来が待っているのか想像させる
⑤　**エビデンス**　このコスメは自分に合っていると確信させる
⑥　**クロージング**　顧客の感情を最高潮にして購入してもらう

トークを分解すると、それぞれでまったく役割が異なります。いくつかトーク例を挙げていきます。

①　**つかみ**
人の見た目年齢は髪の毛で決まるって知っていましたか？
本日は周りと差をつける「若見え髪」を叶えるシャンプーをご提案します！
②　**共感**
これからの時期は髪が特に広がるし、パサついてツヤがなくなりますよね。さらに切れ毛が増えたりして洗面台の排水溝が髪の毛だらけに～……これって嫌じゃないですか！お掃除するたびに「こんなに髪の毛減っちゃったんだぁ」って気持ちが悲しくなりますよね。

③　**課題と解決**

この悩みはどこに原因があるか知ってます？

実はこれ、髪の毛のキューティクルに原因があるんです。キューティクルは果物でたとえるならば、りんごの皮の部分、皮がないりんごはどんどん水分が抜けて乾燥してしぼんでしまいますよね。これは髪の毛も一緒！

そこで、今日は髪の毛の悩みの原因であるキューティクルを補修する、すごい成分を配合したシャンプーを持ってきましたよ！

④　**結果**

シャンプーで洗いあげることで汚れを適度に落として根本から立ち上げ、髪にハリ・コシ・ツヤを与えてくれます。

お客様からは「年齢よりも若く見られることが多くなった」「友人から、あなたいつも綺麗ねと言われるようになった」「いつものヘアケアをするだけなのに、この髪の気持ちよさ！」なんて嬉しいお声も！

⑤　**エビデンス**

その秘密は、特許を取得した低分子オイルの技術と、新素材のセルロースナノファイバーが合わさることで、年齢で弱ってくる髪の毛のキューティクル表面にバリアを作り吸着してくれるんです。髪の毛に清潔感がある人は若々しく見えますよね♪発売から１年で１万５，０００本以上売れていて、たくさんのお客様から喜びの声を頂戴しています。

⑥ **クロージング**

若見え髪を叶える独自成分を配合しているのは、この商品だけです。日本人の女性に若見え髪を手に入れて欲しいから、定期購入で月額５，９８０円のところ、初回に限り、２，９８０円でお試しスタートができます。私が自信を持っておすすめするからには万が一、髪に合わなかった場合は返品可能です。人気商品のため、数に限りがございますのでご注文をお急ぎ下さい！

① **つかみ**

販売が伸び悩んでいたコスメ商品が、なぜ毎月３００個以上売れるようになったのか？

② **共感**

コスメビジネスを始めてみたいけど、何から始めたら良いかわからない、失敗もしたくない……。あなたもこんな悩みを抱えていませんか?

③ **課題と解決**

実はコスメ商品は中身だけにこだわっても売上は伸びません。なぜならお客様は良いコスメ商品ではなく、良い結果を求めているからです。このようにあなたと顧客の感覚のズレを修正してヒット商品を作るサポートをするのがコスメコンサルタントの仕事です。

④ **結果**

ヒットするコスメ商品が作れるようになったらどうなる?

- **コスメをきっかけにあなたのファンが増える**
- **毎月のようにコスメ商品が売れて資金が増える**
- **新しい売上の柱となり経営が安定する**

⑤ **エビデンス**

これまで多くのヒット商品と関わってきた、コスメ工場を経営する私が提案するコスメビジネス立ち上げ講座では「コスパの良い作り方」「コンセプトの設定方法」「販売テクニック」を毎月2時間のＷＥＢミーティングで簡単に学べます。あなたのコスメビジネスが成功するまで徹底的にサポートいたします。すでに２００人以上が増収増益となっていて、月20個程度の販売数だったコスメが今では月３００個以上売れている事例もあります。

⑥　**クロージング**

料金は月３万９,８００円。マーケティングコンサルタントより安いうえに、難しい薬機法や販売テクニックの相談にも対応しているので、販売してすぐにコスメ売上からの回収が見込めます。コスメ商品を作るところから売るところまでサポートできるコンサルタントは滅多にいません。しっかりと相談を受けたいので３名限定で募集させていただきます。本書を読んだ方であれば１か月無料でお試しスタートができます。ご興味がある方はお急ぎ下さい。

いかがでしょう。「買いたい、受けたい」と思ってしまいませんか？　役割に分けて順序よく話すことで、押し売りの印象を与えず、自然に購入までつなげることができます。

売れる理由の99%は、最初の5秒にかかっている

コスメの販売トークで最も大切な部分は、5秒以内の「つかみ」です。なんとなく買物に来た顧客の心をつかんで次の展開につなげるのが目的です。また、最初の印象も5秒程度で決まりますので、その後は非常にスムーズにトークが進みやすくなります。改めて聞くとごく当たり前のことですが、「つかみ」を意識している人はどれぐらいいるでしょうか。YouTube広告も5秒でスキップされる広告とされない広告では「つかみ」が違います。この先が気になってしまう意外性とうれしい結果が想像できます。SNSやGoogle広告だって一緒です。

〈つかみ無し〉
本日は先端成分を配合したシャンプー、トリートメントをご紹介します。
〈つかみ有り〉
突然ですが、女性は35歳から髪質が変わるって知っていましたか?

いかがでしょうか？ 人間の脳は自分にとって役に立つ話とそうでない話を瞬時に判断し、脳が働き過ぎることを避ける傾向にあるので、最初の5秒で顧客にとって有益な情報であること、興味をそそる内容であることを伝えましょう。

コスメ商品も人間関係と同じで第一印象がとても大事です。最初の5秒で感じた印象が塗り変わるには半年の時間を要すると言われているように、最初の5秒を失敗してしまうと、どんなに良い商品も顧客の心に響かなくなってしまいます。だからこそ、この5秒に熱量を注ぎましょう。

顧客の「買いたい」を引きだす伝え方

「フラーレン、ナイアシンアミド配合の美容液！」、この言葉はいかがでしょう？ 欲しくなりますか？ きっとエイジングケアができる美容液なのでしょうが、これではまったく魅力が伝わりません。コスメ商品の価値を伝えるときに、わかりにくい言葉の表現は避けるべきです。

逆説を使う

「シャンプーで白髪が染まる」のような常識と違うことを言われると「シャンプーは汚れを落とすものなのに、白髪が染まるの?」とついつい気になってしまいます。「座っているだけで痩せる」、「寝ている間に集中ケア」など、普段している簡単なことなのにプラスアルファで嬉しい結果が得られると思えます。

数字を入れる

「14日間の集中ケア」、「3つのお肌のトラブル」このように数字を入れることでイメージがしやすくなり説得力が高まります。ぱっと見で目を引く効果も高いです。SNSの投稿でも上手に活用すると良いでしょう。

バンドワゴン効果

あなたは行列ができているお店を見て、利用してみたいと思ったことがありませんか? コスメ商品も同じで、大勢の人が支持していると「みんな選んでいるんだから良いに違いない」と感じる心理現象です。「おかげさまで販売数〇〇個突破!」「コスメランキング1

位獲得」「口コミサイトで評価平均☆4・6！」これらはすべてバンドワゴン効果を狙った表現です。SNSにおいてもフォロワー数やいいねの数が多いSNSアカウントはバンドワゴン効果が生まれやすいです。

カクテルパーティ効果

たとえば、賑やかなパーティー会場にいてもあなたの名前を呼ぶ声は自然と聞き取れるように、興味があるキーワードであればたくさんの情報の中からでも見つけられる心理現象です。「産後の抜け毛が気になる方に朗報です！」、「40代から始めるスキンケア」など、このコスメ商品はあなたのための商品ですよとターゲットの心に訴えかけます。

シャルパンティエ効果

「ビタミンC1，000ミリグラム配合」、どこかで聞いたことがありますよね。どうして「1グラム」と言わないのでしょう？　単純に量が多く見えるからです。「1」より「1，000」の方が迫力を感じますよね。これは錯覚を利用したものです。

コスメ商品の価格の伝え方でも役立ちます。45日使える3，000円の美容液ならば、シャルパンティエ効果を使って「1日あたり、たったの67円！」と伝えればお得に感じられるでしょう。

最後に心を動かすのは、顧客の嬉しい声

ここまでいくつかの販売テクニックを紹介してきましたが、私がテレビショッピングの生放送中に特に効果があった方法があります。それは、お客様の口コミを紹介していくことです。

たとえば、コスメ商品の香りが良いことを伝えたいとして「香りは調香師がこだわり抜いたフローラルムスクの香り」と伝えるより、「お客様から、この香りの香水を作ってほしいとお声が上がるほど良い香りなんです」と伝えた方が、コスメ商品の良さをより具体的にイメージができ、「すでにこのコスメ商品を支持している人がいるんだ」と安心感を持たせることができます。

興味を持ってもらえたら「確証バイアス」を使おう

確証バイアスとは、「自分が正しいと信じていることを変えたくない」という思いから、自分が持っている考えを肯定するために都合の良い情報ばかりを集めることです。これはコスメ商品の購入を迷っている顧客に「買う理由」を与えてあげる際に役立ちます。

「35歳からの肌トラブルに悩んでいる女性から大好評」
「ノーベル賞受賞の成分が入ってこのお値段」
「肌にも髪にも使えるから一石二鳥」

顧客があなたのコスメ商品を買って間違いがないと思えるような理由を並べていくことで、顧客の財布の紐が少しずつ緩んでいきます。

思わずポチる！　クロージングの仕組み

ここで私から「どんなものでも売れるトーク」を作るための3つの質問をします。

①なぜ、そのコスメ商品を買わなければいけないのか？
②なぜコスメ商品を、あなたから買わなければいけないのか？
③なぜ今、そのコスメ商品をあなたから買わなければいけないのか？

ぱっと見はどれも似たような質問ですが、それぞれでまったく意味が変わってきます。

「①なぜ、そのコスメ商品を買わなければいけないのか？」は、コスメ商品の価値を伝える部分になります。顧客がコスメ商品を購入することで得られる「嬉しい未来」をわかりやすく説明することが、クロージングの第一歩です。価値が伝わらないコスメ商品は価格競争に巻き込まれて「どこよりも安いから売れる」という理由でしか勝ち目がなくなってしまいます。とてもじゃありませんが、小さな会社は大企業よりも安くコスメ商品を提供することは難しいですよね。価値が顧客にしっかりと伝わっていれば、価格が他より高くても購入してくれます。ここではコンセプトワークで考えたコスメ商品の価値をひと言で説明するトークが活きてきます。

「②なぜコスメ商品を、あなたから買わなければいけないのか？」は、コスメ商品をあなたから買う理由です。本書では繰り返しお伝えしていますが、世の中の商品のほとんどは「課題を解決できる良いもの」なのです。顧客が自分の肌や髪の悩みを解決できる商品を見つけたとして、あなたから買ってくれる理由は何だと思いますか？そこをはっきりさせないと顧客はポイントが付く楽天やAmazonで似たような商品を探して購入することでしょう。また、顧客がもともと気に入っている他のブランドで似たような商品があればそこから買うことでしょう。ここで大事なのはあなたから買ってもらう理由です。

「③なぜ今、そのコスメ商品をあなたから買わなければいけないのか？」は、コスメ商品を今この瞬間に買ってもらう理由です。気になる商品があってカートに入れてみたは良いものの、「やっぱり今必要ないかな」と考え、後で買うリストに移動し、結局はいつまでも買わないでいる……なんてことはありませんか？どんなに顧客があなたのコスメ商品に興味を持っていても、人間は生活に必須でないものを欲しかったことなどすぐに忘れてしまいます。

コスメ商品の販売は、今、買ってもらえなければ成功とは言えません。購入を今ここで決めていただく最後の一押しをクロージングと呼びます。

仕組みは簡単です。「今、購入しなければ損をする」と顧客の焦燥感を駆り立てるのです。

ここでは、いくつかのクロージング方法についてお伝えしていきます。

価格クロージング

「本日限定〇〇円割引セール」「通常価格5，000円の美容液が1，980円」のように割引する方法です。今なら安く購入できると、自分だけ得をしているような心理になります。

保証クロージング

「お肌に合わなければ返品可能！ もちろん返品時の送料無料です」、いわゆる返金保証ですが、これはコスメ商品を購入した後に考えられる不安を取り除く約束をすることで「まずは試しに買ってみよう」と購入してもらえる方法です。返金が多かったらどうしよう？と考えるかもしれませんが、するとしないのとでは売上の伸び方が大きく違います。あなたが良いコスメ商品を作っているのであれば返金依頼の件数はごくわずかなので、得をすることの方が多いです。

限定クロージング

「300セット限定！　残り10セットです！」と紹介されると、あまり理解していないものでも他人に奪われたくない衝動に駆られます。初回購入のみ、会員限定、今から24時間以内……これらも限定の印象を与える方法です。

特典クロージング

「3つ購入で、もう1つプレゼント」、「石鹸購入で泡立てネットがついてくる！」といった特典、わかりやすく言えば「おまけ」がついてくる方法です。他で買うよりも今このお店で買った方がお得だと感じる心理です。

顧客に「自分だけが得をした」と思って購入してもらえたら大成功です。237ページの「3つの質問」をもとにトーク例で説明していきましょう。**（図表5-3）**

図表5-3 トーク例でみるクロージングの仕組み

「若見え髪を叶える」

①**なぜ**、
そのコスメ商品を買わなければいけないのか？

「独自成分を配合しているのはこの商品だけです」

②なぜコスメ商品を、
あなたから買わなければ
いけないのか？

「日本人の女性に若見え髪を手に入れて欲しいから」

①**なぜ**、
そのコスメ商品を買わなければいけないのか？

「定期購入で月額5,980円のところ、初回に限り2,980円でお試しスタートができます」

③なぜ**今**、そのコスメ商品をあなたから買わなければいけないのか？

「私が自信を持っておすすめするからには髪に合わなかった場合は返品可能です」

②なぜコスメ商品を、
あなたから買わなければ
いけないのか？

「人気商品のため数に限りがございますのでご注文をお急ぎ下さい！」

③なぜ**今**、そのコスメ商品をあなたから買わなければいけないのか？

いかがですか？　スペックや詳しい効能の話は一切出てません。顧客はあなたの商品のことをほとんど知りません。だからこそわかりやすい説明が必要ですし、不安を1つずつ解消していき、最後に背中を一押ししてあげるようなクロージングをするのが良いでしょう。どんなに商品のことが好きで熱意を持って語っても、顧客目線で話さなければまったく伝わらないですし、伝わらなければ売れません。そして、売れないコスメほどビジネスオーナーにとってつらく苦しいものはありません。

第6章

終章 ― あなたが大切に思う人々に新たな喜びを与えるコスメビジネス

コスメの資格を取るよりも、売れるコスメを学ぶ

コスメビジネスを始めたいから、コスメの資格を取り続けている人がいます。コスメの勉強をすることはとても良いことですが、コスメの資格は民間資格であり、取得したところでできることが増えるわけではありません。いわゆる資格商法です。Googleで検索してみただけでもこれだけヒットしました。

コスメコンシェルジュ（日本化粧品検定）
コスメマイスター（化粧品検定）
スキンケアアドバイザー
スキンケアカウンセラー
美容薬学検定
化粧品成分スペシャリスト（化粧品成分検定）

もちろん合格すれば達成感に溢れます。皮膚科学、化粧品の基礎知識、基本的なスキンケアやメイクアップ方法、薬事法などの化粧品知識全般をバランスよく学ぶことができる

でしょう。しかし、これらの内容はいざコスメビジネスを始めてみたら自然に頭に入ってくることばかりなのです。いま、あなたが時間とエネルギーを注いで学ぶべきは、売れるコスメを作る方法です。すでにヒットしているコスメ商品を考えてみると、そこには必ず売れる秘密が詰まっているのです。ここはあえて繰り返しますが、あなたが学ぶべきはコスメの知識ではなく、「売れるコスメを作る方法」です。

「売れなくてもいいから、とにかく良いコスメを作りたい」という声もたまに聞きますが、それならばビジネスではなく、あなた個人の趣味として作るのが良いでしょう。ビジネスは従業員や取引先を含めさまざまな人が関わります。コスメ商品が売れるからこそ、関わったすべての人が潤うのです。コスメ商品の目的は、あなたが大切に思う人々に新たな喜びを与えることです。あなたの顧客だけではなく、身近にいる従業員や取引先からも喜ばれるコスメ商品にしていきましょう。

顧客になってもらうためには、「好かれる技術」が必要

あなたはコスメ商品の中身にこだわり、コンセプトも練りに練ったかもしれません。し

かしその背景を知らない顧客は、あなたのコスメ商品の素晴らしさを100％理解することはできないのです。

商品が溢れかえっているいま、コスメ商品の効果効能が優れているのはもはや当たり前のことです。どの化粧水だって潤いを与えてくれるし、汚れが落ちないシャンプーなんてほとんどありません。ほぼすべてのコスメ商品で望んだような効果を得ることができます。

そんな中でも選ばれ続けているコスメ商品は、いったい何が違うのでしょうか？　それは「何を買うか」ではなく「誰から買うか」です。だからこそ好感が持て、憧れる人物がおすすめするものを選んでしまいがちです。インフルエンサーのコスメ商品が売れていくのも、これが理由です。コスメブランドもSNSを活用し、ブランドオーナーの顔も見える時代になりました。あなたは顔も見えない人を信頼することはできますか？

スーパーの青果売場に、生産者の顔写真やコメントを掲載し陳列する野菜があります。それを観ると「こんな気が良さそうな人たちが作っているなら買ってみようかな」となったりするわけです。ビジネスオーナーや従業員が顔を出すと信頼感を得やすくなります。

「それならば、コスメビジネスもビジネスオーナーとして顔を出したら良いの？」と考えるのは正解です。でも、ちょっと待ってください。コスメビジネスに挑むならば、ふさわしい見た目になることも大切です。

仮にあなたがヘアケア商品を売っていたとしましょう。それがどんなに素晴らしいヘアケア商品であったとしても、販売している本人の髪の毛先がバサバサに広がっていたり、肌荒れがひどかったりしたら、顧客側の買う気も失せてしまうと思いませんか？ 顔が見えていれば良いわけではありません。顧客が憧れるような素敵な姿をしていると良いでしょう。

では、素敵な姿の条件とは何でしょう？ 顔が良い、スタイルが良い、若い……どれも合っているけど違います。最も大切なのは、清潔感です。よく清潔と清潔感を勘違いしている人がいます。たとえお風呂上がりの清潔な体だとしても、爪が伸びきっていたり枝毛だらけの髪の人を清潔感があるとは感じませんよね？ つま先、手の爪先、髪の毛先。体のパーツの端々をきれいにしておくだけで清潔感を纏えます。見た目を整えるなら、体の先端に気を配るとかならず第一印象が違ってきます。

また、特にあなたが売り出したいコスメ商品が補ってくれる部分は特にきれいに整えましょう。スキンケアならお顔のハリ・ツヤが大事でしょうし、ヘアケアならば美容室に行って、ワンランク上のトリートメントをしましょう。私はテレビショッピングでシャンプートリートメントを販売していますから、頭皮や髪のケアをこれでもかと思うほどやっています。

誰も口に出さないけど、みんな自信が欲しい

小さな努力を毎日しているとこれまでの人生なかったすごいことが起きます。「あなたの髪、ツヤツヤね」「会うたびに若くなっていくね」と、知人や顧客からお褒めの声をいただけるのです。小さな積み重ねを認めてもらえると自信になります。もしあなたがいまの自分の見た目に自信がないならば騙されたと思って身なりを整えてみて欲しいです。コンプレックスが解消されて、自信につながることほど心が満たされることはありません。さて、あなたはそろそろお気づきでしょうか。「自信を与える」、これこそがコスメ商品の本当の価値なのです。ほとんどの人々は見た目にコンプレックスがあり、それに悩んでいます。その悩みを自信に変えてあげられるきっかけが、コスメ商品なのです。すばらしいと思いませんか？ 自信はどんなにお金をかけても、歳を重ねても自然に得ることは難しいものです。いつもと違うことの繰り返しを他者から認められることで、自信につながっ

ていきます。これからあなたがスタートするコスメビジネスはどんな人々を救ってあげるのでしょうか？　まずは身近な人、その近くにいる人、日本中の人々……ここまで広げた頃には、あなたはビジネスのジャンルでも自信に満ち溢れているはずですよ。

ヒット商品を作るために一番必要なのは「愛」

最後に、コスメビジネスを立ち上げるうえで一番必要なものをお伝えしておきます。

それはコスメ商品や顧客に対しての愛情です。ここまで本書を読んでくれたあなたは、顧客は理屈ではなく感情で商品を購入することを理解してくれてたと思います。その感情の最も強い部分が、愛情です。どれだけこの商品が好きかによってコスメの紹介トーク、販売企画などのクオリティが変わってきます。たとえば、自分が好きなジャンルの話をしてるときの人は顔がとってもキラキラ輝いていますよね。見ている人はその表情に魅了され、引き込まれてしまうのです。あなたが生み出したコスメ商品はもはや我が子と一緒です。子供が評価されたり、成長していくのを見るのは親にとって大変喜ばしい瞬間です。反対に壁に当たっているときは何とかしてあげたいと思うはずですよね。だから、あなた

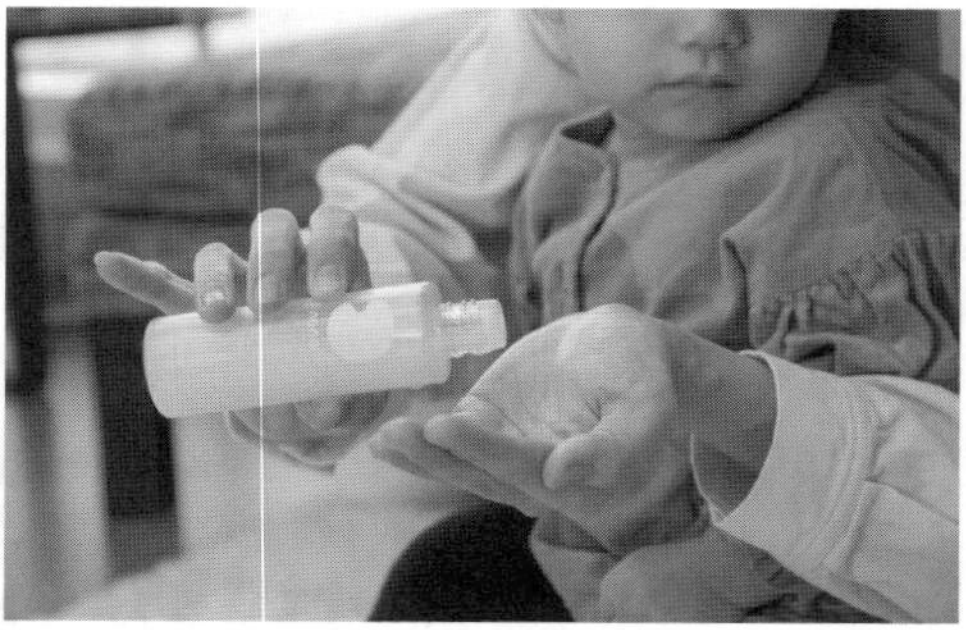
「nanoni」

のコスメ商品とその顧客を目一杯愛してあげてください。

私は敏感肌の娘のためにオールインワン化粧水を作りました。「nanoni」というブランド名で「なの（娘の名）に」と意味はそのままです。幼い娘も気に入って使ってくれていましたし、私はこのオールインワン化粧水がどんどん好きになっていきました。

「このコスメ商品で少しでも笑顔を増やしてあげたい」と、このエピソードを通販大手であるフェリシモの社長の前で話したときに、その熱意と愛情が心を打って特別な条件で取り扱いが決まり、nanoniはフェリシモのカタログ通販で大ヒットとなりました。愛情はときに大きな会社をも動かしてしまうのです。

売上、利益、有名になる……どれももちろん大事なことですが、誰に喜んで欲しいのかを改めて考えてみてください。それが叶ったとき、あなたのコスメビジネスは本当の成功だと言えるでしょう。

◆おわりに

身近にいる大切な人たちに自信と幸せを与えられる、コスメビジネスの楽しさはそこにあると思っています。しかし、ビジネスは楽しいことばかりではありません。コスメビジネスに限りませんが、ビジネスをしているといくつもの悩ましい問題に直面します。人間って、悩んでいるときに視野が狭くなり、不安に駆られてしまうものですよね。

しかし悩みの原因がはっきりとして、解決すべき課題と捉えられたとき、「それならば、こうしてみたら良いんだ」と前向きになれます。私はコスメ商品の開発に悩んでいる身近な人々から「志水さんと話せて、元気がもらえた」という嬉しい一声をもらえたことをきっかけに、コスメビジネスに挑む人々に元気を与えたいと考えたのです。

そして、ここまでたどりついたあなたは「参考になった、いつかやってみたい」と思っているかもしれません。しかし、あなたは明日からまた忙しい日常の仕事に戻っていってしまうでしょう。それは実にもったいないことです。コスメビジネスをきっかけにできることを増やしてみて欲しいのです。私は美容師からコスメビジネスに挑戦し、小さな会社でもＯＥＭができるコスメ工場を建設しました。テレビショッピングやさまざまな販売方法も経験し、今では他社コスメのコンサルタントもできるようになりました。できることが増えていく、私にとってこれが幸せであり、ビジネスの楽しみなのです。

もし本書を読んで、コスメビジネスに挑戦したいと思ったならば、ぜひ私に会いにきてください。私はこの先も、ヒットするコスメ商品を世へ次々と送り出すお手伝いをしていきたいのです。もしあなたのコスメビジネスで何かあれば、いつでもご連絡くださいね。

(shimizu@riri9.jp)

本書を手に取ってくださったあなたと、これから先のコスメビジネスでご縁があることを楽しみにしています。最後までお読みいただきありがとうございました。あなたの成功を心よりお祈りしています。

美容革命家　志水 洸一

志水洸一（しみず・こういち）

美容革命家
1985年、北海道旭川市生まれ。

■所属
・株式会社MARVELOUS 代表取締役
・株式会社yazzoホールディングス 常務取締役

■活動内容
美容室の経営、コスメの製造販売、ヘアケア剤の研究開発、ライブコマース販売、コスメのコンサルティング

美容師歴18年。全日本理容美容選手権大会などのコンテストで入賞し、現在は経営する美容室でスタイリストとして活躍。

自社のコスメ工場を建設し、オリジナル商品の製造販売を行うほか、さまざまな企業の商品開発に関わり、OEM受注の実績は多数。

「小さなご当地ブランドにも可能性がある」と信じ、地域に根ざした原料を積極的に使用し、国内でも5本の指に入る有名ヘアサロンの商品や、高級ホテルリッツカールトンのアメニティにも採用された。

また、研究開発にも力を入れており、地域の素材や原料の機能性を向上させる特許を取得。発明家となり「令和4年度 北海道地方発明表彰 発明協会会長賞」を受賞。

さらに高専や大学、日本製紙などの大手企業と、世界初の独自成分の共同研究を行い開発したヘアケア商品は、累計3,000本が即日に完売。テレビショッピングに出演し、1時間で1000万を超える売上を記録。

コスメコンサルティング業として、コスメビジネスの始め方から、低コストでの商品開発、販売、マーケティング戦略、広報・PRまでをサポートしている。

コンサルティング先からは「ヒット商品ができて、笑いが止まらない」「日本酒よりコスメの方が多く問い合わせが来る」など嬉しい声が寄せられている。

自らが手がけた自社商品は、地域に特化した素材を使うことでテレビ、雑誌、新聞など多くのメディアに取り上げられている。

■メディア出演・掲載
ヒルナンデス（日本テレビ）
ザ・ディレクソン（NHK）
ロンブー淳の休日（HBC北海道文化放送）
ショップチャンネル（CS放送）　他

日本経済新聞
産経新聞
北海道新聞
MORE(集英社)
クロワッサン(マガジンハウス)
フレグランスジャーナル（香粧品科学研究開発専門誌）　他

小さな会社のための
コスメビジネス立ち上げBOOK

2024年4月30日　初版第一刷発行

編著者 ―――― 志水洸一
発行者 ―――― 脇坂康弘
発行所 ―――― 株式会社　同友館
〒113-0033
東京都文京区本郷2-29-1
TEL 03-3813-3966
FAX 03-3818-2774
https://www.doyukan.co.jp/

装　丁・本文デザイン ― 本田麻衣代(株)ライラック)
印　刷 ―――― 一誠堂印刷
製本所 ―――― 松村製本所

　ISBN978-4-496-05699-4